正能力十书

人才决定事业

清远 编著

图书在版编目（CIP）数据

人才决定事业 / 清远编著. -- 南昌： 二十一世纪出版社集团，2018.6

ISBN 978-7-5568-2762-6

Ⅰ. ①人… Ⅱ. ①清… Ⅲ. ①企业管理—人事管理 Ⅳ. ①F272.92

中国版本图书馆 CIP 数据核字 (2017) 第 144075 号

人才决定事业　　清远/编著

策　　划　张　明
责任编辑　敖登格日乐
出版发行　二十一世纪出版社集团
（江西省南昌市子安路75号　330009）
www.21cccc.com　cc21@163.net
出 版 人　张秋林
经　　销　新华书店
印　　刷　北京正合鼎业印刷技术有限公司
版　　次　2018年6月第1版　2018年6月第1次印刷
开　　本　787mm × 1092mm　1/16
印　　张　17
字　　数　250千字
书　　号　ISBN 978-7-5568-2762-6
定　　价　39.80元

赣版权登字—04—2017—536

目录

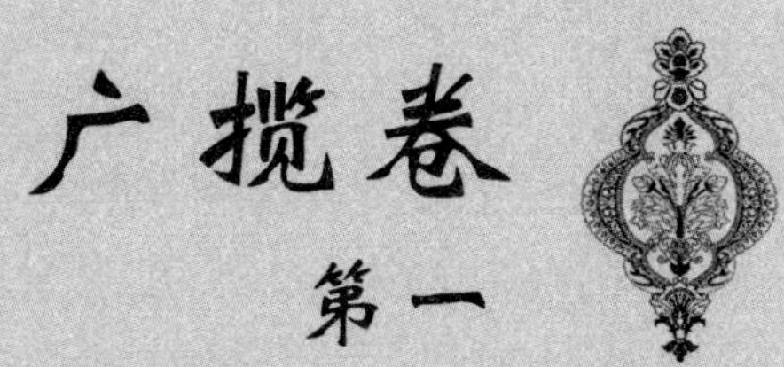

广揽卷

第一

原文

观古今成大事之人，无不有人相助相辅，力单者无以成大业。(《曾文正公全集》)

译文

看那些古今成大事的人，无不有人鼎力相助，无不有人尽力相扶，力单势薄者是不会成就大事业的。

解读

一个人要想成事，广泛的人际关系不可少，“众人拾柴火焰高”，一个人的能力毕竟有限，但如果很多人一起来办，那事情成功的几率就会无限增加。

在现在这个时代，聚集人才，广布人脉更是有着非凡的作用。一个人要想成功，就要懂得背靠大树好乘凉的道理。而企业管理者也必须要懂得广纳人才为我所用的道理。

企业要做大，没有人才是不行的。修长城，人才就是基石，要是修大厦，人才就是栋梁，而做企业，人才就是成功的保证。领导不一定要有多么高深的专业知识，但识辨人才，发现人才为己所用，并能合理调配却是必不可少的。不管是治国也好，治企也好，得人者成事，失人者败事，这是一个千古不变的真理。

案例

刘邦的队伍

一个小小的伍长，看到秦始皇的巡游派场，不禁发出“大丈夫就当如此”的感慨，而他日后还真有了始皇帝那样的地位，开辟了一个大汉朝，他就是刘邦。

仅仅凭借自己的力量，就算本事有如“力拔山兮气盖世”的西楚霸王项羽，也仅仅昙花一现，败在了刘邦的手上。而刘邦呢？他为何得到了天下，这就得看看他的队伍，他这支队伍，如果换一个稍微懂管理的人，说不定也能成就一番王侯霸业。

刘邦最大的一个特点就是有自知之明，他明白自己的短处在哪里，也知道自己有什么长处，而有着自知之明的人，往往也有知人之明，因为一个连自己都不了解的人，是很难了解别人的。而刘邦还有一个最大的优点，就是他对人才的使用不拘一格的态度，只要你有所长，刘邦就能用你所长，这样他的队伍越来越强大，里面什么人都有，在这支队伍里，有贵族张良，有游士陈平，有小县吏萧何，还有杀狗的樊哙，有卖衣服的灌婴，有驾车的娄敬，还有强盗彭越，吹鼓手周勃，还有不出名但是脾气很大的韩信。可以说什么人都有。

就是这么一支队伍，在刘邦的带领下，成为了强大的倒秦力量，刘邦也是靠着这支队伍，最终打败了不可一世的项羽，夺取了天下。

刘邦发现了人才的重要性，所以他可以卑躬屈膝地再三挽留张良，请他留下来为他出谋划策，也可以将自己的全部家当无保留地给萧何管理，甚至能听取萧何的意见，任命一个毫无名气和战功的韩信为大将军，他把这些人都组合起来，让他们各就其位，让所有的人都能够在这支队伍里最大限度地发挥作用，所有的力量往一处使，这是何等的气魄。

原文

鄙人阅历世变，但觉除得人之外，无一事可恃也。(《曾文正公全集》)

译文

我的阅历虽然在不断变化，但觉得除了求得人才之外，再也没有其他事物可以依靠。

解读

俗话说“一个好汉三个帮”，一个人唱不了一台戏，只有众人拾柴才会火焰高。纵观古今中外历史，凡成就一番伟业者，无不把自己工作的重中之重放在吸引人才上。

在一个企业中，最重要的也是挖掘人才，利用人才。一个人的才干再高，也是有限的，而且大多还是某一方面的偏才。而将众才为我所用，将许多偏才融合为一体，就能组成无所不能的全才，发挥出无限巨大的力量。

“人多智慧广”，唯有利用众人的智慧，才能发挥这种人类的伟大力量。毕竟人类是不能单独生存下去的，而一个人独居无友，也不会有什么发展进步。所以，只有汇集众人的智慧和力量，全体才能进步发展，人人也才能过着富庶安乐的生活。企业也是一样，充分利用公司里的众智，才得以发展，使全体员工把所有的智慧，集中在经营上，才能汇集成一股巨大的力量，才能使企业长期立于不败之地。

案例

孟尝君食客三千

在战国时期，秦国的势力越来越强大，各诸侯国的王公贵族为了组织力量来对付秦国的入侵和挽救本国的灭亡，他们向天下网罗人才，礼贤下士，广招宾客，以便扩充自己的势力，养“士”之风盛行。因为他们都明白要成就一番伟业，必须要把自己工作的重中之重放在吸引人才上。

当时齐国的贵族孟尝君是最有名的一个，名叫田文。他为了巩固自己的地位，向天下发布招贤令，临淄一时间人才济济，不管是官吏还是逃犯，不管是名人还是普通人，只要是来的人他都会热情接待，收留下来，供养他们。据说，孟尝君门下一共养了三千个食客。

而孟尝君之所以能吸引这么多的能人异士加入自己的队伍，和他求才若渴的态度是分不开的，他平时与门客闲谈，都会让随从躲在屏风后面记录，记下门客的家庭住址及生活情况。门客知道后深为感激，发誓报效知遇之恩。

所以，他就吸引了成大器谋大事的苏代、冯谖，他们运筹帷幄，决胜千里，匡扶国家，以丰功伟绩名载史册。当然也有一些人凭一技之长传流于世，比如当初帮助孟尝君逃出秦国追杀的“鸡鸣”、“狗盗”之徒。

当时，孟尝君率领自己的门客出使秦国。秦昭王当时觉得他很有才华，又有这么多的谋士辅助，想让他当相国。孟尝君也不好意思违背秦昭王，只好留下来。但是没多久，秦王身边的人说：“孟尝君留在秦国是不好的，因为他是王族，有封地在齐国，他怎么会一心侍奉秦王呢？”秦昭王觉得有理，打算囚禁孟尝君再找个借口杀掉。

孟尝君知道这个消息之后感到非常害怕，有门客为他出谋划策，说只要秦昭王最宠爱的妃子帮忙说话，那么秦昭王肯定会改变主意的。那个妃子还真的同意了，但是需要用狐白裘来换，但是孟尝君刚到秦国的时候，那件狐白裘早就献给了秦昭王。这时，有一个门客说：“让我去把狐白裘弄来！”说完就走了。

原来这个门客最擅长的就是钻狗洞偷东西。他摸清宫廷情况，找到了储藏室。借着月光，逃过士兵的眼睛，轻易地从储藏室将狐白裘偷出来。那个妃子非常高兴，在秦昭王面前说不要杀孟尝君，秦昭王答应了，还亲自为他饯行。

孟尝君不敢再等了，当天晚上就偷偷溜走了，来到秦国东大门前刚好是半夜。按照秦国的法规，函谷关要等鸡叫时才开门，这大半夜的，鸡怎么可能叫呢？大家都犯愁了，只听人群中响起了几声“喔，喔，喔”的雄鸡啼鸣，接着，城关外的雄鸡跟着打起鸣来。原来，一个门客会学鸡叫，守关的士兵按照规定起来打开关门，放他们出去。

天亮了，秦昭王得知孟尝君一行已经逃走，立刻派出人马追赶。追到函谷关，人家已经出关多时了。

孟尝君就靠着平时的人才积累，关键时候哪怕是鸡鸣狗盗之士，也能起到意想不到的作用，他凭借这些人的帮忙，离开秦国，保全性命，逃回了齐国。

原文

无兵不足深虑，无饷不足痛哭，独举目斯世，求一攘利不先，赴义恐后，忠愤耿耿者，不可亟得；或仅得之，而又屈居卑下，往往抑郁不伸，以挫，以去，以死。（《曾文正公全集》）

译文

没有军兵，尚不足焦虑，没有粮饷，也不足痛哭，只有举目当世，想求得一个见利不争，义字当头，忠挚耿直的人才，不能立即得到，或者仅得到一个，却又因地位卑下，往往因此而抑郁不舒，受尽挫折，终至罢官死亡。

解读

没有军兵和没有粮饷都不是什么大事，只有没有人才才是值得焦虑的事。有了人才，军兵和粮饷自然而然就来了，所以说，一个企业，其他什么没有都不要紧，最紧要之处是寻找适合企业发展的人才。

“千金易得，人才难求”，这就需要管理者在招贤纳士上必须多下一番功夫，对人才要广泛搜罗，要耐心陶铸，要诚心待人，发现有才的破格录用，这样才能使各类人才投入自己麾下，为自己所用。

总之，领导者要想取得成功，就得学会善于发现人才，网罗人才，礼待人才，并且大胆使用，因才授职，尽其所长，这才是领导者成就大事大业的核心。

案例

狄仁杰任用契丹将军

唐朝名相狄仁杰也以举贤荐能而名垂青史，尤其是他举用契丹降将的故事，更为时人所称许。当时，武周天下是“千金易得，人才难求”，没有大将来对付契丹的进攻，而当时多次领兵侵扰唐朝边境的契丹大将就是李楷固、骆务整，这两个人骁勇异常，作战章法有度，深为唐军将士所忌恨。

但是不久后，李、骆两位因为主将李尽忠病死，迫于形势所逼，他们率军投降了唐朝。当时很多和李、骆打过仗的唐将义愤填膺地跑到武则天面前说：“这两个逆贼不可留，留下来是养虎为患，”主张斩杀二人，以扬国威。还有一些文臣也纷纷谏言说：“这两名贼将一直是我朝的心腹大患，一直以我朝为敌，在边境斩杀我大量将士，占我土地，如果不杀的话，只怕军心不服，朝野起怨啊。”但是，武则天还是想听取宰相的意见，当时狄仁杰明白这两人是天生的战将，是不可多得的将才，如果就这样斩杀，岂不是浪费了人才。于是他力排众议，准备保下这二人，为朝廷所用。

于是他给朝廷上书说：“楷固、务整二将骁勇善战，是不可多得的将才，今日他们归顺我朝，可见其能识时务，若陛下能恕其不死，授其官爵，臣想他们二人必定会心怀感恩之心，为我朝南征北战，扫平契丹贼寇，平息边疆之患，将功补过。如若不分青红皂白，斩杀降将，势必逼迫敌将死战，今后估计也不会有降将敢来归附我朝，这样一来，我朝克敌的阻力就加大了。”

满朝文武看到狄仁杰的精辟分析，纷纷拜服，于是重新任命他们二人为将军，数年后，李、骆二将奉命领军北伐契丹，因为他们二人对契丹的地理及风土人情了如指掌，同时洞悉敌人的军情和战术，率领大军势如破竹，取得巨大胜利。武则天亲自摆宴为二人庆功，之后，李、骆二人成为效忠唐朝的大将，屡立战功。

这件事就充分说明了将才是战争胜利的重要基础，领导者要想取得成功，就得善于发现人才，网罗人才，同时能大胆起用，因才授职，这样，才能取得出其不意的效果。

原文

求人之道，须如白圭之治生，如鹰隼之击物，不得不休。又如蚨之有母，雉之有媒，以类相求，以气相引，庶几得一而可及其余。(《曾文正公全集》)

译文

求人才的方法，要像白圭治理他的生产那样，像鹰隼袭击食物那样，不得到绝不罢休。又要像青蚨子母相依不离、家鸡可招野鸡，以类相求，同气相引，这样，就可以从得到一个人才而得到别的许多人才。

解读

俗话说得好，“千金易得，一将难求”。这足以说明人才的难得性。一个优秀人才的价值是无法用金钱来衡量的。

求取人才，如果看准了，就要有一种不达目的不罢休的决心。世间并不因为有能工巧匠的需要，山上就会长出又高又直的栋梁，也不会因为英明的君主有对人才的渴求，老天就会造出出类拔萃的人才。

世界上德才兼备的人才是十分罕见的，是可遇不可求的，即便是有中等能力的人才，也需要努力追求才能得到。因此对于有用的人才，一定要用心追求，或结以交情，或待之以诚，或激之以情，想尽一切办法让其为自己效劳。而且求得了一个人才，还要注重人才间的互相吸引，让他们结伴而来，接踵而至，收得一而可及其余之效。

如果领导者能有这样的精神，能让人才发自心底地觉得你需要他，那他就一定不仅自己来，还会吸引更多的人前来为你所用。

案例

身在曹营心在汉

在《三国演义》中，除了诸葛亮之外，徐庶也是经天纬地的人才。当时刘备“仁德布于天下”，名声较好，同时在广揽天下人才，徐庶受其感召，主动来投。先以言语相试，他为了看看刘备是不是一位贤主，就对刘备说：您现在的坐骑的卢马会防主，我建议您还是换一匹坐骑。而刘备当时说：人定胜天，岂能是一匹马能控制的。于是乎，徐庶便对刘备有了很好的印象，但没投奔，可是心里有了这个意思。

后来刘备“拜”徐庶为军师，凡事请教，言听计从，与曹军对战，取得了几场胜利，但是曹操心里就不高兴了，他打算将徐庶招募到自己的帐下，听从了谋士程昱的计策。把徐庶的老母抓住，写了一封徐母笔迹的信，打算将他骗到曹营。

作为大孝子的徐庶当然不会置母亲于不顾，看信后泪如泉涌，五内俱焚，只得前往曹营。当刘备知道徐母被软禁的情况后，就好像自己的母亲遭难，大哭说：“子母乃天性之亲，还有什么说的？你去吧，不要担心我，等你和老夫人相见之后，说不定哪天我还能得到先生指教。”刘备对人才的渴望就如同一个痴情的人。当一个自己朝思暮想的人才不能辅佐自己且要离自己远去对方阵营，因为他一直抱有的宏图大志，这个时候，他的感受不是平常人可以感受到的。最后玄德以鞭指曰：“吾欲尽伐此处树木。”众问何故。玄德曰：“因阻吾望徐元直之目也。”

一个领导者对自己的下属能如此体谅，做下属的怎么会不竭诚以报。因此徐庶当即表示，我是因为母亲的缘故不得已才去曹操那里，以后即便是曹操再怎么逼我，也“终身不设一谋”。

而徐庶到了曹营之后，根本就没有给曹操出过什么有用的计策，反而在三分天下最关键的一役——赤壁之战中冷眼旁观，徐庶看破了孙刘联军的苦肉计、诈降计、连环计，但是没有点破，而是带领一队人马回许昌了。曹操几十万大军在赤壁全军覆没。

而最重要的是，徐庶离开刘备走了一段，又赶回来，向刘备推荐了诸葛亮。而且不顾忧心如焚，还专门绕道去诸葛亮家里推荐刘备。后来将自己的同门师兄弟诸葛亮推荐给刘备，让这些经天纬地的人才结伴而来，接踵而至，收到了一而可及其余的效果。

刘备和曹操都希望得到徐庶这样的人才，可就是因为两人对待徐庶的方式大不相同，导致结果也大不相同。

原文

窃疑古人论将，神明变幻，不可方物，几于百长并集，一短难容。恐亦史册追崇之词，初非预定之品要。以衡才不拘一格，论事不求苛细，无因寸朽而弃连抱，无施数罟以失巨鳞，斯先哲之恒言，虽愚蒙而可勉。(《曾文正公全集》)

译文

我私下怀疑古人在任用将才时，往往定义他们神明变幻，超过想象，几乎所有优点集于一身，一点短处都不能容忍。这恐怕是史书上的溢美之词，并不是选拔将才之初就定下来的。其实，选才应该不拘一格，评论事情不要过于严苛，不能因为一点短处就不用很有才干的人，不能因为结了太细的网就漏了大鱼。这才是以前圣贤常说的话，就算是很愚昧的人，也可以此来勉励。

解读

领导者在选拔下属的时候，不应该太注重他的小缺点，评论事情不能过于严苛，不能一味地讲原则，要多开创一些新的思维、新的方法，从各种可能的地方去选拔人才。

用人不要去关注他的小小的那些缺陷，他的出身、背景、贫贱、资历都不要去计较，甚至这人性格中一些小小的缺点也不要太去关注。只要是这人身上有值得你任用的地方，就应该将它无限放大，忽略那些无关紧要的缺陷，让他们的优点得到充分发挥，这才是领导者用人时应该做的。

案例

韩信拜将

淮阴人韩信，最初的时候就是一个布衣百姓，但是祖上是贵族，所以他也还是有几分贵族的习性，喜欢佩带刀剑，他的父母早亡，自己没有学到什么手艺，每天就是读读兵书，然后在村子里混吃混喝，惹得大家都很讨厌他，

当时下乡南昌亭亭长一直觉得韩信不是普通人，有朝一日必会出人头地的，韩信曾经多次前往下乡南昌亭亭长处吃闲饭，接连几个月，每天在饭点的时候就出现了，亭长的妻子非常嫌恶他，所以就提前把饭煮好，在屋子里就吃掉了。等开饭的时候，韩信去了就没有赶上饭点，韩信知道她的用意。一怒之下，再也没有回去。于是他就去河边钓鱼，有一位漂母看他饿得可怜，就每天带点饭来给他吃，一连几个月都如此，韩信非常感动，对那位大娘说："我一定重重地报答老人家。"大娘生气地说："大丈夫不能养活自己，我是可怜你这位公子才给你饭吃，难道是希望你报答吗？"

淮阴有个杀猪的非常看不惯韩信，跟他说："你长得倒是壮实，又天天佩戴刀剑，你吓唬谁呢？我看你就是个胆小鬼。"又当众侮辱他说："你要有种，就拿剑刺我；如果你是胆小鬼，就从我胯下爬过去。"韩信瞧了他几分钟，然后低下身去，趴在地上，从他的胯下爬了过去。整个大街的人都瞧不起他。

等项梁起义之后，韩信认为机会来了，于是带着宝剑投奔了项梁，但是一直没有得到重用，在项羽手下的时候，也是个执戟郎中，他多次给项羽献计，但项羽根本不作理睬。

一直到刘邦入蜀后，韩信离楚归汉，认识了萧何，这时，他才得到了一个机会。这倒也幸亏萧何没有计较他的没落出身、蹭吃蹭喝的背景、胯下之辱的经历，而只看重他的军事才能，然后将这种才能无限地扩大，报告给刘邦，善于识人的刘邦在萧何的极力举荐下，终于拜他为大将军，统率全军。

识才，用才，惜才，才能得人心，也才能治天下。具有真才实学的韩信，最终被刘邦识中，让他的军事才能得到最大限度地发挥。

原文

概天下无无瑕之才、无隙之交。大过改之，微瑕涵之，则可。(《曾文正公全集》)

译文

大抵天下没有完美无缺的人才，也没有完全没有缝隙的交情。只要能将大的错误改正，小的错误包涵，也就可以了。

解读

人们都渴望得到别人的欣赏，这是人性中潜藏的心理动机。而用人者就一定要懂得去欣赏别人，不要一点错误都包容不下。因为天底下没有完美无缺的人才，每个人都或多或少有些缺陷和不足。

俗话说“尺有所短，寸有所长。”“金无足赤，人无完人。”用人就要多盯别人的长处，如果老盯着别人的短处，心里自然就会把这些短处无限放大，满眼看到的都是缺点，从而可能导致从主观上去否定一个很有才能的人。

真正的领导者知道，只要这个人的长处对我有利，我就可以借其之力，来弥补我的不足，助我一臂之力，而对别人，是不会求全责备的。

案例

甘戊使齐与卫侯拜将

每一个君王都期待能得到一个十全十美的臣子，这样就能省不少的心，一旦发现臣子有过失，就不能容忍，那就有可能因为一点点缺点，损失一个能做事的人，因为每个人都会有缺点，每个人的能力都有短板，正如俗话所说“尺有所短，寸有所长。”

在战国时期，甘戊出使齐国，需要渡一条大河。停在岸边的船夫说：“大人，这小小的河只是一个小小的间隔，如果您自己没本事渡过去，您还能去齐国的君主那里去游说吗？”甘戊回答说：“您这样说就不对了，难道您不知道吗，这世间的事物各有所长。比如谨慎守节、诚恳老实的臣子可以让他们去侍奉君主，但是却无法上阵杀敌；而骐骥那样的千里马，能够日行千里，但是把它们关在屋子里，让它们和小野猫比赛捉老鼠，那肯定是输的，而干将那样天下闻名的宝剑，用来做木工活的话，肯定比不上一把普通的斧头，现在，您划着船，让船顺着水势漂流着，我肯定不如您；可是说到去游说各个小国大国的君主，您肯定不是我的对手了。”

在公元前377年的时候，孔夫子的嫡孙子思向卫国的君王推荐苟变说：“这个人有做大将的潜质，他的才干可以率领战车五百辆与敌人作战。”但是卫侯回答说：“我早就知道他是大将之才，但是我一直没有重用他也有我的理由，因为我曾经听说他在做税收小吏的时候，有一次到民间去收税，趁公务的便利，吃了百姓的两个鸡蛋，对于这样的人，我怎么能重用呢？”

子思说：“贤明的君王任用人才，就和木工选用木材一样，要取他的长处，抛弃他的短处。如果是合抱粗的杞树和梓树，就算有一些枯朽的地方，高明的木工也不会因此而将整根木头都舍弃不用。而您如今正处在这征战不已的乱世，正是急于选用将才的时候，但是却为了两个鸡蛋的缘故而舍弃了真正能征善战的将才，这样的事可千万不要被邻国知道啊！”卫侯听了这话，连连道谢说：“我诚恳地接受您的教诲。”

尺有所短，寸有所长，人无完人。每个人都有自己的优点，也有自己的不足，而对想成大事者而言，能够正确地对待人才，取其所长，来弥补自己或者团队的不足，那大业可成。

原文

窃惟行政之要，首在得人。吏治之兴废，全系乎州县之贤否。安徽用兵十载，蹂躏不堪，人人视为畏途。通省实缺人员，仅有知府二人，州县二人。即候补者，亦属寥寥。每出一缺，遴委乏员。小民久困水火之中，偶得一良有司拊循而煦妪之，无不感深挟纩，事半功倍。(《曾文正公全集》)

译文

我认为行政的重要任务，首先就是得人。吏治的兴废，全取决于州县最高长官是否贤能。安徽用兵十年，被糟踏得不成样子，人人以为那里是可怕的去处。全省确实缺乏官员，只有知府二人、州县长官二人。即使是候补官员，也寥寥无几。每次有了空缺，总是缺乏人员选任。平民百姓长期困迫在水火之中，偶尔遇上一位好官加以抚慰、给予温暖，他们一定会备受感动，心里感到热乎乎的。这样，就可以取得事半功倍的效果。

解读

人才是世间最宝贵的财富，有了人才才能成事，所以说行政的首要之道，就是得人。

家国兴衰，事业成败，均系于用人。曾国藩用人不拘一格，只要这个人有才，哪怕是和他有嫌隙，他也一定会保荐。他有着罕见的发现人才的天赋，也正因为此，曾国藩才在晚清变局中迈到了一个无法逾越的高度。可以说，对于一个领导者而言，发现人才的本领，其价值往往超过了发现人才的价值。

尤其是困局之中，就更需要人才发挥作用了。安徽常年征战，能在职者没有几人，就是有空缺，能候补的也不多，使人民遭受兵祸之苦。这时候如果能发现一个能给人民以抚慰，给予温暖的好官，就必定能取得事半功倍的效果。而这些，都是需要领导者来做的，选对了人，人民逃离水火，没选对人，人民陷入更深的水火之中。

所以用人，就要发现那些贤明有才的人，并且要恰当地使用之。

案例

于成龙治罗城

父母官父母官，说的就是当地的官员相当于老百姓的父母，能够给予老百姓照顾，给予百姓温暖，让百姓免于灾患，免于受苦受难，所以，一个地方官员的选拔或者一个基层干部的任用，对于领导者来说，至关重要。

被康熙皇帝称为“天下廉吏第一”的于成龙少有大志，从小过着简朴的农耕生活，接受着正式的儒家教育。但是他一直没有得志，一直到了顺治十八年，年近44岁的于成龙，得到了一个机会，接受朝廷的委派，不顾亲朋的阻拦，抛妻别子，怀着“此行绝不以温饱为志，誓勿昧天理良心”的抱负，去了遥远的边荒之地广西罗城，当七品县令。

罗城那个地方刚刚被清统治，还不到两年的时间，当地的局势动荡，之前的两任知县一死一逃。当于成龙到达罗城时，只见满目萧然，荒草丛生，就算是县府中央，也只有几间破破烂烂的茅草屋而已，县衙也是三间破茅房。他不得不去关帝庙中暂行安顿。面对这样的困境，跟他前来的五名仆人全部逃走了，但是他坚持了下来，迈开廉政为民的第一步。

当时，驻扎在罗城的清廷绿营兵，穷奢极欲，常常进村扰民，强行勒索，白吃白喝。于成龙见状，马上上书，要求部队严令约束士兵。而当时县衙里的小吏下乡办事，当地的里长就会强迫村民摆酒设宴招待这些官吏，让村民苦不堪言，他下令取消，规定里长只要负责粮税的征收，不要理会招待事宜，而除了正粮之外，对于其他的一些七七八八的摊派，于成龙也请求上司一律减免。而对于派工那些不能免的工作，他会提前制定正式派单，避免农忙时派工，严禁额外摊派。

那时，每年的4月至9月是官府催交粮赋的月份，刚好也是农忙时节。当时官家的锣声一响，面对沉重徭役的农户都心惊胆战。四处筹钱纳粮，这样就耽误了农时；那些贫困凑不到的人，只能丢荒田地，全家出去躲债。于成龙发现这种情况之后，马上上书上司，建议不要在农忙季节征粮赋，免误生产。对于那些确有困难的百姓，可以公布名单，实行减免。而对于那些无理刁难，多收百姓钱粮的情形，于成龙规定，凡是送粮来的百姓可以在官校砝码上查验，自行核对。对于那些欺骗百姓的人，一律严加惩处。他还经常亲自去各收粮点查访，监督执行。

于成龙在减轻百姓赋税的同时，也不断地发展生产，重视劝教兴学，移风易俗，革除旧习。设立养济院，救养孤寡，修建孔庙，开馆办学。从此罗城文风昌盛，社会昌盛，都得益于于成龙的治理。

康熙是中国古代少有的英明天子。他得知后，非常欣赏于成龙的社会声望和人格魅力，他明白重用这样的清官，可以肃清朝廷的官僚之风，也是百姓和地方之福。在康熙二十年，他亲自召见于成龙，赏赐他白银、良马，鼓励他保持气节，称其为“天下第一廉吏”。

原文

拣选将才，必求智略深远之人，又须号令严明能耐劳苦，三者兼全，乃为上选。（《曾文正公全集》）

译文

挑选将才，必须要找有深远智慧和谋略的人，而且要号令严明，能吃苦耐劳，这三个条件都具备了，才是最好的人选。

解读

曾国藩挑选将才，忽略了人际关系的因素，而着重看他能不能号令严明、是否有智慧和谋略、能不能吃苦耐劳。曾国藩是很有见地的，历史上有“一将难求”的说法，真正的将才决定着国家的兴亡和战争的胜负，所以不能苛求，当然也不能滥求，具备这三点硬性指标的都堪当大用。

古代的将才带兵，现在的将才带人，这样的将才包括官员、企业领导、社团领袖等，挑选这样的人也一定要看他们是否具备这三点因素。如果很难找到三者兼具的人，也要挑选无限接近的人。在此三点中，有坚强品质是前提，也是最重要的，其次是要有远见和智慧，再次就是要有纪律性，按照这样的顺序去挑选将才，至少也能做到个八九不离十了。

案例

周亚夫严明军令

公元前158年，匈奴在大汉边境结集了大量兵马，虎视眈眈，准备大范围地朝汉朝北部边疆进犯。汉文帝马上任命刘札为将军，驻军灞上；任命徐厉为将军，驻军棘门；命令河内郡守周亚夫为将军，驻军细柳，安排这三人分别保卫京城长安，形成三个策略据点，防范匈奴进攻。

后来，文帝打算亲自去前线慰问部队，当文帝来到灞上和棘门军营的时候，皇帝的车驾长驱直入，没有任何阻拦，将军以下的所有军官都毕恭毕敬地骑着马迎接皇帝的圣驾。但是当文帝来到细柳军营的时候，情况就一点也不一样：军营里的军官和士兵都披坚执锐，拿着擦得雪亮的刀枪，剑拔弩张，防备森严。

当文帝的先行官来到营门前时，门卫没有同意他们进去。先行官说："我是皇上的先行官，赶快准备迎驾！"守卫营门的都尉说："我们将军有令，'军中只有将军的命令，没有皇上的命令'"。

没多久，文帝的车驾到了，也被拦在外边不许进去。于是，文帝不得不派使者拿着符节凭证进营去请周亚夫传诏令："皇上要进军营慰劳将士。"这时周亚夫才下令打开营门，让皇帝的车驾进来。进去的时候，守卫营门的军官很严肃地对文帝的侍从说："我们将军有令，军营内不许奔驰。"文帝听了，只能让马慢慢地走着。

文帝来到中军营帐的时候，只见周亚夫仍旧全副戎装，手执武器，威风凛凛。站在那里也没有拜见。他见了文帝之后，也只是拱了拱手说："我戎装在身，请允许我不下拜，请容许我以军礼朝见皇上。"文帝听了，非常震撼。

当慰劳结束之后，文帝离开军营。回去的路上，侍从的官员都觉得非常惊奇，但是文帝却惊叹地说："这才是真将军啊！前些时候，我们在灞上和棘门看到的那些部队，就好像是小孩子的把戏！"

过了一个多月，文帝任命周亚夫为中尉，负责京城的治安，正是周亚夫能知治军之道，深谋远虑，军纪严明，所以得到了皇帝的重用。

原文

好人实难多得，弟为留心查访。凡有一长一技者，兄断不肯轻视。(《曾文正公全集》)

译文

好人实在是很难多多地得到，弟弟你应该小心查访。像哥哥我一样，只要是有一长一技的人，从来不敢轻视。

解读

人才是企业的支柱，是发展的根本。作为一个领导者，就要多多访查适合自己使用的人才，广泛纳之，只要是有一技一长的，都不要轻视。

有些领导者容不得下属比自己强，生怕下属“功高震主”，而实际上，很多下属都有一技之长，都有比领导者强的一面，奥格维说“雇用比自己弱的人，公司就会变成侏儒，雇用比自己强的人，公司才会变成巨人。”最优秀的员工其实也很难“盖主”的，他的功劳越大，只能对公司越有利，而不会对你构成威胁。

所以领导者要打破旧的用人条件和束缚。这也是企业开发人才、灵活用人的重要途径。在企业所有工作人员中，自学成才或有一技之长的能人有很多，这是不可忽视的人才资源。实际上，在许多企业里，有些开拓型人才就是从一般工人中成长起来的。

案例

岳飞遇宗泽

民族英雄岳飞在公元1122年第一次应募投军，当时宋将童贯、蔡攸兵败于契丹，于是招募“敢战士”以御辽。岳飞应募，经过选拔，被任命为“敢战士”中的一名分队长，这样，年仅二十岁的岳飞就开始了自己的军戎生活。

后来立下军功，升任为低级武将秉义郎，来到了名将宗泽的帐下效力。在这段时期内，岳飞屡建奇功。

有一次，宗泽在府中调度军务，忽然有人报金兵入侵曹州，形势紧迫。宗泽问众将，谁敢去曹州抵抗金兵？一小将马上应声而出说：“我愿前往退金兵。”大家一看，原来是名不见经传的修武郎岳飞。宗泽很高兴，派了精兵五百，让岳飞去曹州。还没到曹州的时候，就碰见了金兵，岳飞马上摆开阵势，横枪勒马，与一赤髯黄睛的金将杀到了一起，没几个回合就将敌将刺于马下，宋军大破金兵，追数十里，杀得尸横遍野，岳飞大胜。宗泽保奏岳飞升为武义郎。

还有一次，岳飞触犯军法面临处罚，宗泽看到后，知道他超群不凡，说：“这样的人才是做将领的人才啊！不能因为一时的过失而埋没了”。刚好这时金兵在攻打汜水关，宗泽于是又将五百名骑兵交给岳飞，要他立功赎罪。这一次岳飞也不负所望，得胜而归，宗泽大喜，提升他为统制。

岳飞从此名震遐迩。宗泽非常欣赏岳飞的才智，对岳飞说：“你智勇超群，弓马娴熟，就算是古代的良将也就是这样了，只是我看你只喜欢野战，这可不是领兵打仗的万全之计啊！”于是，宗泽把行军、交战、驻营等作战经验及兵书都传授给他，对他说：“你认真看看这些兵书，就会明白古人用兵的奥秘。”岳飞认真地一一研习，颇有心得，宗泽问他，你有什么收获，岳飞说：“古人的兵法体现了作战的规律，有可学习的地方，但是如今打仗已经和古时不一样了，等我们按照兵法排兵布阵的时候，敌人可能已经出奇兵，得知我们的虚实，岂不是失去了战机，我觉得还是要灵活巧妙地去运用，不能只是按照兵法的要领去打仗。”宗泽听了之后，肯定了他的见解，心里很高兴，说道：“自从我上阵杀敌以来，很久没有和人谈论过兵法了，今天听到将军的话，如梦初醒，让我胸中畅快啊！”宗泽为自己发现了这样一位大可造就的将才而深感欣慰，于是每日都和岳飞在府中交谈兵法。

岳飞也是从一个小小的士卒成长起来的，他凭借自己的才能、智慧和勇气，再加上宗泽的不计小节，迅速地成为了一代名将。

原文

故吾谓带兵之人，须智深勇沉之士，文经经纬之才。数月以来，梦想以求之，焚香以祷之，盖无须臾或忘诸怀。大抵有忠义血性，则四者相从以俱至，无忠义血性，则貌似四者，终不可恃。(《曾文正公全集》)

译文

我认为带兵的人，必须是智勇兼备的有文韬武略的人。几个月来，我不仅梦中在寻求，还焚香祷告，没有一刻忘怀。大概一个人有了忠义血性，四个条件就都能够具备。没有忠义血性，即使表面上看来已具备了这四个条件，最终仍是不可依赖的。

解读

古人论将有五德，曰：智信仁勇严。取义至精，责望至严。西人之论将，辄曰："天才"。析而言之，则曰天所特赋之智与勇。可见，不管是东方还是西方，对于为将之人，都很看重智和勇。

而实际上，智和勇也的确是一个为将者必不可少的素质。有智无勇，畏畏缩缩，即便能摆出莫测高深的战局，但因为终不敢面对敌人，也必为敌所趁，智谋无可用处。有勇无智，胡打胡撞，受到损伤的同样是自己。所以，智勇兼备之人才称得上是将才，同样，在现代的人才理念中，具有这样品德的人也是不可多得的管理人才。

再者，为将之道，应以忠义血性为前提。有了忠义血性，他们的才干才会发挥到极致，才会在激烈的竞争中屡立功勋，恩泽全队。所以，用人者在用人时，可以重点考察一下他们是否具备忠义血性的特点，或者是经过培养后是否能够达到这一点。

案例

严守信义的韩信

古人在任命大将的时候，经常会考虑智信仁勇严这五点，但是如果一个将军没有忠义，没有血性，那么这个将军怎么会征服士兵，振奋军心，怎么能拓土开疆呢?

而对于大汉而言，汉初三杰之一的韩信是举足轻重的，如果没有韩信的智信仁勇严，没有他的忠义血性，估计历史就会改写。

公元前203年，韩信领兵出蜀，势如破竹，一举攻下赵、魏诸国，之后又降服燕、齐，当时的谋士蒯通看到了天下局势胜败关键系于韩信一身，于是他就来到韩信军中进行游说："将军，我观您面相，不过是封侯拜相而已，但是看你的背，那富贵不可言啊。"韩信当时一惊，问他是什么意思? 蒯通说："如今的天下，是乱世啊! 楚、汉相争，使天下人肝脑涂地，父子尸骨暴露荒野至无以数计。如今项羽的楚军在彭城大败汉军，乘胜追击，威震天下，但是如今也被困在京县、索城之间，无法前进，相持了差不多三年。而汉王带兵十万，凭着山河险要的有利地形，每天零散地和楚军交战，没有取得胜利，也没有受挫，双方都消耗得差不多了，老百姓也早就精疲力竭。在我看来，如今的天下需要一位圣贤来平复啊! 而如今汉王与项王的命就捏在将军的手上，只要您为汉王出力，则汉王胜；替项王出力，则项王胜。不过，您用我的计策的话，那么就能三分天下、鼎足而立，之后您凭着圣德贤才，又拥有强大的军队，依托齐国，降服燕、赵、魏，到时您再顺从百姓的愿望，发兵向西为百姓请命，结束楚汉之争，这样天下诸侯必纷纷响应，谁敢不从? 到那时，您就可以分封诸侯，统驭全天下，所有的君主都会相继来齐向您朝拜的。

他又接着说：'如果上天赐予的东西不去接受，反而会遭到上天的惩罚；时机已到，还不行动的话就会遭灾祸的。'所以，请您务必仔细考虑我的建议。"

韩信听了之后说："汉王待我如同兄弟，封王封地，待我不薄，我怎能为谋取私利而背信弃义呢？”

过了几天，蒯通又去游说韩信：“一个人能听取意见，就会有成功的机会；谋划就是成功的关键，假如不虚心听取意见或不善于谋划，是不会有好下场的，希望您能当机立断，否则功业建成，时机易丧失，失去是不会再来的！”

但是韩信还是顾念汉王的恩惠，不忍心背弃汉王，他也想汉王绝不会辜负自己，于是拒绝了蒯通的提议。

蒯通看到后，害怕被杀掉，所以装疯离去。

遇到韩信这样的忠义之士，真的是刘邦的福分，如果他不把信义放在第一位，那结果就不是这样了。反观成大事者，一定要记得好好对待身边的忠义之臣，来帮助自己完成事业，这才是事业能取得成功的基石。

原文

三年之艾，不以未病而不蓄；九畹之兰，不以无人而不芳。(《曾文正公全集》)

译文

治病用的生长了三年的艾草，不要因为没有病就不去种植它；数量众多的兰草，是不会因为没有人观赏就不散发芳香的。

解读

世上的人才有很多，就算暂时没有得到别人的赏识，他的能力也不会减去分毫。不要因为现在没有适合这样人的岗位，就不去任用人才，不管在什么时候，发现了人才，就要将他招至麾下，事后总有用得着的地方。

领导要有一双善于发现的眼睛。要成为成功的领导，就必须要认识到，人才是一种重要的资源。

因为人是生产力中最活跃的因素。其投资含量越高，资本的积累量即知识、技术、信息、经验、能力、健康等的存量也就越高、越丰厚。人类的这种资本存量是唯一可以反复开发并能转化为物质产品与精神产品的资本，是一种价值含量极大的无形资产。

“世上不是没有千里马，而是缺少发现千里马的伯乐。”领导者在任何时候都要引起重视，着意地去留心世上的人才，以期为己所用。

案例

“千里马常有，而伯乐不常有”

在这个世界上，总是有一些人才被埋没，对于领导者来说，如何及时发现人才，爱惜人才，重用人才，就显得非常的重要。

在战国时期。有一位埋没于民间的贤能之士汗明拜见楚相春申君，一直等候了三个月，才见了面。两个人随便谈了一下，春申君感到很高兴。但是汗明想继续谈一会儿，可春申君说：“我已经非常了解先生了，请您回去休息吧。”汗明觉得春申君没有重用自己的意思，于是说：“我想问问您，但怕说错话，请问您和尧比，谁更圣明一些？”春申君说：“先生说笑了，我如何能和尧比呢？”汗明说：“那您觉得我和舜比，如何？”春申君笑着说：“先生您就是舜啊！”汗明说：“您错了，请您让我把话说完。您的圣明肯定不能和尧比，我的贤能也肯定不如舜。但是那么贤能的舜去侍奉圣明的尧，双方也要三年的时间才互相了解。但是您现在和我见一次面就了解我了，难道不是说您比尧还圣明，而我比舜还贤能。”春申君面带愧色说：“您没说错。”于是，春申君决定每过五天和他见一次面。

有一次，汗明对春申君说：“君上听说过千里马这个故事吗？千里马到了能乘用的年龄，被套着拉盐的车子在太行山上艰难跋涉，它的后蹄伸得很直，前膝使劲弯曲，尾巴紧紧地夹在两股之间，全身的皮肉溃烂，累得气喘吁吁，口喷白沫，浑身大汗淋漓，车才走到半山坡，它就再也走不动了，无论如何也不能前进一步。这时，正好遇到了伯乐经过，伯乐一看到它，马上下车，来到马前，抚着马背，为它难过得流了眼泪，他解下自己的麻衣，给千里马罩上。这时千里马非常感动，低下头，扑哧扑哧地喷着气，然后抬起头，大叫一声，它的声音直冲云霄，好像金石一样悦耳，它为什么会这样呢？因为千里马知道自己碰到了伯乐，得到了应有的赏识。”

接着，汉明继续说：“如今我没有什么出息，困厄在这社会的底层，身处于穷乡僻壤之中，地位低下，一直得不到重用，您难道就不能推荐我，让我能够施展我的抱负，在魏国崭露头角吗？”之后，春申君对汉明更加欣赏，并且加以重用。

在中国几千年的历史中，不仅千里马常有，而那些慧眼识人、看重贤才的伯乐也世代皆有。领导者在任何时候都要有伯乐之心，着意地去留心世上的人才，迎来为己所用。

原文

大约上等贤哲，当以天缘遇之。中等人才，可以人力求之。在上者提倡之则有，漠视之则无。(《曾文正公全集》)

译文

大概最上等的贤良人才，遇到他们是要靠机缘的。而那些中等的人才，则是可以用我们自己的能力求来的。领导者如果注意发现，就能得到，如果置之不理，则肯定不会有。

解读

世界上的人才，有些是绝佳的良材，这样的人是可遇不可求的，如果适逢其会，他们就可能来到你的身边，为你所用，助你完成大业。而更多的中等人才，则是需要领导者注意观察，四处访贤得来的。

古之能成大事者，无不靠人才的辅佐而成，如果注意访求人才，礼贤下士，以诚心待之，那么人才自然就会到来。而如果总是一副高高在上的派头，把招贤纳士不当一回事，那还有谁会来辅佐你呢。

领导者要深深明白人才的重要性，团队不会只靠某一个人就能脱颖而出，必须上下齐心，必须有能者担当，才能走得更远，发展得更好，这是千古不变之至理。

案例

李鸿章负气出走

在曾国藩的湘军高层里，云集了全国各处的人才，很多人是慕名而来，施展自己的抱负，李鸿章就是这样一个人，他出生于富贵家庭，本来可以过平平安安的好日子，但是他心高气傲，素有大志，于是投到了曾国藩的门下，希望能做一番大事业。

来到曾府之后，李鸿章以敢于坚持自己的意见著称，但是也因此得罪了不少人。在咸丰十年九月，曾国藩派一个叫李元度的文官驻防徽州，李元度戴着高度近视镜，很有才能，善于出谋划策，曾国藩本来想提拔他，让他驻防最重要的徽州。在临行时，曾国藩告诉他，你一定不能意气用事，坚壁自守即可。当李元度接管徽州之后，太平军李侍贤部天天来城下骂他，说他是缩头乌龟王八蛋。李元度气冲脑门，忘记了坚壁自守的命令，出城一战，让几千人马全军覆没，曾国藩非常气愤，打算给清廷上奏折，弹劾李元度，要将他革职、永不叙用。

当时，负责起草这个奏折的人是李鸿章，但李鸿章跟曾国藩说："一定要参劾的话，门生不敢写。"李鸿章心里其实在想，这次是曾国藩大意，没有用好人，因为李元度擅长的是出谋划策，上线对阵是其所短。曾国藩说："你不写的话，那我来写。"

李鸿章还是想为李元度争取下，于是威胁说："您一定要这样做的话，那门生也告辞了，不能留在您的身边服侍了。"曾国藩说："请君自便！"

李鸿章一气之下就离开了曾国藩的幕府。离开之后，李鸿章本来打算回南昌，中途经过湖北。遇见湘军高层中最有贡献的胡林翼，他半路上把李鸿章请到湖北巡抚衙门，劝说："看看当今天下，您能依靠谁来发迹呢，我觉得曾老夫子才是最适合你的。"李鸿章回答说："没想到您老英雄也是这样看的。看来我一直把您当作豪杰之士，是我的眼光有问题。"胡林翼一再努力挽留，马上给曾国藩写信，跟他说："从面相上来看，李有富贵之相，李某是大才，终将会发达的，这样绝佳的良材，是可遇不可求的，不如我们引导他前进，为我军所用，助你完成大业。"曾国藩看到信之后，觉得自己的做法有点不对，马上写信请李鸿章回来。

原文

倘有血性男子，号召义旅助我征剿者，本部堂引为心腹，酌给口粮；倘有抱道君子，痛天主教之横行中原，赫然奋怒以卫吾道者，本部堂礼之幕府待以宾师。(《曾文正公全集》)

译文

如果是有血性的男子，能够号召义师帮助我征剿匪徒的，我一定视他为心腹，给他发配口粮。如果有守持道义的君子，痛恨天主教横行中原，赫然发怒而起以保卫道义的，我一定礼遇他，让他在我的幕府中担任宾师。

解读

曾国藩走上与太平天国两军对垒的道路时，就很注重设立幕府，广泛征士，将发现和造就人才作为“着力”之处，这也是他后来能立下赫赫战功的关键。

领导者应该学习曾国藩，不要去坐等人才降临，那样是没有用的，要屈尊降贵对待人才，如果发现有和自己志同道合的人，就要把他当成心腹、宾师一样看待，给他最大的礼遇，让他能够安心为自己效劳。

不要忽视人才的作用，也许你的一个小小的态度就能对人才产生极大的感染力，去极力搜索，不惜金钱财物，各色人才才会纷纷投幕，为你所用。

案例

求贤若渴五次下跪的秦王

难以想象，堂堂的一国之君，能够几次给臣子下跪，那这样的君主的气度是不可限量的，拥有成就王霸之业的胸怀。

魏国中大夫须贾出使齐国，门客范雎也跟着去了，当时齐襄王听说范雎口才很好，能说会道，于是偷偷地送了几斤黄金、牛肉和酒给他。须贾非常不悦，觉得自己还不如一个门客，于是回国后就去魏王那告密："范雎在齐国得到了很高的礼遇，我想他可能和齐国有什么勾当。"

魏王非常生气，将范雎严刑逼供，把他打得奄奄一息。范雎为了保全性命，只好装死。魏王就派人将他的尸体扔进厕所，让人引以为戒。当无人的时候，范雎对看守说："假如您可以救我出去，他日必定重谢。"

看守于是偷偷将范雎带了出去，范雎慌忙逃跑了，躲进了魏人郑安平家里。

那时秦国的王稽刚好出使魏国，范雎赶紧趁夜秘访王稽。等王稽回国时，他偷偷藏在车上，去了秦国。

秦昭王知道之后，赶紧在行宫中接见他。范雎进入行宫后，明知秦王驾到，还装作什么都没看到，侍卫看到后很生气，想去教训他，跟他说："你没看到，大王已到吗？"

范雎却漫不经心地回答说："秦国除了皇太后和穰侯之外，还有大王吗？"

秦王听到这句话之后，大吃一惊，赶紧喝退左右，跪在范雎面前说："先生，教我！"

秦王请求了很多次，范雎还是没有答应。

范雎说："我可不敢教大王您哪！我是一个逃亡的罪人，和大王您非亲非故，但是您要向我请教的问题都是关系到骨肉至亲的事情，就算我有尽忠之心，但是我怎么知道大王是如何打算的？我知道我今天跟大王进言，明日可能就被处死了，但我觉得只要对秦国有益的话，我死而无憾，我唯一担心的是，我死之后无人再向您献策了。"

听到这话，秦王又向范雎行跪拜礼，向他请教天下问题。

范雎说："以秦国之强大，兵之英勇，可以无敌于天下。但是十五年来，秦国闭关自守，这就是穰侯的战略失误。"

秦王又下跪求策。

范雎趁势向秦王提出了远交近攻的战略，可以先与中原的韩、魏两国亲善，掌握天下的枢纽，然后给楚、赵施加压力。楚强时帮助赵国，反之，就帮助楚国。齐国必然感到恐惧而归附。那时，再征服韩、魏两国也是轻而易举的事情了。

此后，范雎又为秦王提出了很多治国之道，辅佐秦王征服诸侯，为秦王统一天下立下了汗马功劳。

为求得人才，堂堂一国之君竟然下跪求策。就是因为有这样的真心求才，才求得了真正的人才归附，也才能因此而成就一番事业。

原文

淮徐一路，自古多英杰之士，山左中州亦为伟人所萃。本部堂久历行间，求贤若渴，如有救时之策、出众之技，均准来营自行呈明，察酌录用。如有荐举贤才者，除赏银外，酌予保奖。(《曾文正公全集》)

译文

江淮徐州这些地方，自古以来就英才辈出，山东中原一带也是英才荟萃的地方。我长期以来行伍其间，求贤若渴，如果有能够挽救危局的策略、有出众技艺的人，都可以来到我的营地中自行呈明，我会察看核实后合理录用。如果有推荐贤才的人，除了给予赏银以外，还会给他额外的奖励。

解读

曾国藩用人不拘一格，更是敞开大门欢迎各路人才，不设任何等级规制的限制，这种求贤若渴的态度使他获益良多，淮徐山左中州一地的人才纷纷来投。

作为现代的领导者，更应该重视人才，发现人才，要给人才设立一个简便捷行的台阶，不要立下太多规矩，把自己搞得壁垒森严似的，从而把好多人才挡在门外，不得其用。

时势造英雄，每一个历史人物的诞生，有其偶然性，也有必然性的存在。成就一番事业需要天时、地利与人和，其中人才的汇聚是至关重要的。招贤纳士，并为自己树立良好的口碑，无疑就已为成功打下了必备的根基！

案例

礼贤下士的信陵君

对于人才的选拔，一定要敞开大门，欢迎各路人才，哪怕是那些处世傲慢无礼的人，他们也许真的有真才实学。

魏国的公子魏无忌，号信陵君，由于礼贤下士，门下有食客三千人。当时，魏国有位名叫侯嬴的隐士，年近70，家境贫寒，在大梁城北门当看守。但是信陵君知道他是真正的大才。

有一天，魏公子在家中大摆筵席，等大家都坐好之后，他就带着随从驾着马车，亲自去城门迎接侯嬴。这个侯嬴穿得破破烂烂的。一点也没有谦让就上了车。魏公子恭恭敬敬地驾着马车，手执缰绳。侯嬴对公子说："我还有一位朋友在闹市当屠夫，请您驾车带我过去拜访他一下。"

公子一点也没有不满，马上就驾车前往闹市，侯嬴下车去了朋友朱亥那里，故意和他没完没了地聊天，一边斜目注视公子的表情。只见公子的脸色平和，一点也没有生气，侯嬴这才辞别朱亥上车，去了魏公子府上。公子请侯嬴坐在上宾座上，还给他一一介绍在场的宾客，所有的人都感到很吃惊。

当大家喝酒喝得正好的时候，侯嬴才把真相告诉了信陵君，说我侯嬴本来是一个贫贱的看门人而已，本来不值得公子亲自驾马车来邀请，更没有必要去访问我的朋友，我故意在屠宰坊那里耽搁了很久，就是为了让天下人都知道公子的名声。

然后侯嬴又向公子引荐他的朋友说："我刚刚去闹市中拜访的屠者朱亥，他也是一个贤能的人，因为很多人都不了解他，所以他选择隐居在那屠市之中。"公子又赶紧去拜访朱亥，多次请他出山，朱亥每次都故意不回拜，但是公子一如既往地尊重他。最终他也成为了公子的得力干将。

信陵君作为一个贵族的公子，用自己毕生的大部分精力结交不同的人，不管是民间的隐士，还是贫贱的人，他和他们交往一点也不觉得耻辱。和其他三位战国公子相比，信陵君更加有诚心，更加宽容，更加有真情实意！所以后来的汉高祖刘邦，每逢经过信陵君的故地，都会祭拜他。

魏公子懂得用人之道，对侯嬴还有一些下属一直恭恭敬敬，就算他们有意刁难也一直忍着，最后终于用侯嬴的计策成就了大业，想成功的人士，往往需要不拘一格，不耻下交，广揽人才。

慎用卷

第二

原文

吾辈所慎之又慎者，只在“用人”二字上，此外竟无可着力之处。(《曾文正公全集》)

译文

我们需要慎之又慎的，就在于“用人”二字，除此以外没有需要下功夫的地方了。

解读

在现在这个社会，人才是国与国，企业与企业之间争夺的重点，谁拥有了人才，谁就站在了较量的制高点。

因此对于任何一个企业或团体来说，发现人才，选拔人才，怎样做到人尽其才都是研究的重点。其中最怕的就是遇人不淑，用人不慎。

对于用人，就要知人善用。首先要了解人才，之后才能重用人才，“办事不外用人，用人必先知人”，不管通过什么渠道选拔出来的人才，领导者都要尽可能地亲自接触观察，发现他们的优缺点，量才录用，合则取之，不合则去。

案例

曾国藩的奇特面试

人无完人，是每个人都明白的道理，同样，才也无全才，每个人有自己擅长的才能，也有自己的弱点，同样是带兵打仗之人，有些人擅长奋勇杀敌，冲锋陷阵于前线，有些人擅长运筹帷幄于帐内，有些人带兵没问题，但是脾气性格却不适合搞管理。所以，尺有所短，寸有所长，不是假话，一个领导者在选拔人才时需要亲力亲为，量才而用。

在清道光咸丰年间，正在组建湘军的曾国藩非常渴慕人才，向全国纳贤，有些人毛遂自荐，有些人经人推荐，而每一个人都有机会得到曾国藩的亲自召见，进行面试，经过一次谈话之后才会决定是否启用，委任何职。

有一次，曾国藩约了三个人来会客室进行面试，那天已经早就过了正午，但是这三个人却一直没有被召见，其中有一个人静坐沉思着，而另一个在客厅里走来走去，还有一个则满脸不悦，看上去非常不耐烦。等到了傍晚的时候，曾国藩派人告诉他们三个，可以回家等候通知，没必要见面了。很多人不明白他葫芦里卖的是什么药。问他说："为什么不召见这三个人，但是却全部录用了呢？"曾国藩说："刚刚这三人在屋内的时候，我早就观察过了，其中那个沉思的人，心情非常不畅，估计活不了很久，但是做人很沉稳；而那个来回踱步的，器度不小，见识非凡，刚强沉着，实在是难得的人才；而其中那个不耐烦的，英勇果敢，是可以败敌之将，但是有点急功近利，估计在成功之后会殉国。总之，这三人都是我军中需要的人才。"

于是，这三人都得到了自己的职责。后来，这三个人的表现就证明了曾国藩对于这些人性格的一个拿捏，那个沉思的人是王某，年余病发，没有什么功绩。而踱步的是彭玉麟，立军功建水师，官至兵部尚书，得到了大家的钦佩。而那个最不耐烦的是江忠源，勇敢好战，常常建立军功打胜仗，官至安徽巡抚，在庐州三河镇力战殉国，被追加封号为忠烈侯。

曾国藩就是通过自己的细心观察，亲自接触他们，选拔人才，发现人才的特点，然后加以委任，让他们能人尽其才。

原文

虽有良药，苟不当于病，不逮下品；虽有贤才，苟不适于用，不逮庸流。当其时，当其事，则凡材亦奏神奇之效，否则抵牾而终无所成。故世不患无才，患用才者不能器使而适用也。(《曾文正公全集》)

译文

即使有好的药物，如果不对病症施治，那还不如一般的药物。即使有贤才，如果工作不适合他的特长，那还不如普通人。在一定的时间，面临一定的事情，普通人也可以发挥出神奇的能力。否则分辨不清，就会一事无成。因此说世上不害怕没有人才，害怕的是用人者不知道如何正确地使用人才。

解读

质地好的木梁可以冲开城门，却不能用它去堵住洞穴；强壮的水牛不能去捕捉老鼠，也不能用骏马去看守家门，价值千金的宝剑拿去砍柴，还不如斧子好用。

所以用人者用人，一定要好钢用在刀刃上，去合理安排他们的岗位。这个世界上没有十全十美的人，所有的人才都有自己最擅长的领域，也有自己不擅长的领域，一个人的才能能否最大限度地发挥威力，关键就看用人者能不能清楚看到他的优势，最大限度发挥他们的主观能动性，从而创造最大的效益。

英雄最大的悲哀莫过于无用武之地，同样一个单位或企业最大的失败也在于不能很好地发挥内部人才的优势和潜能为本单位或企业所用。一个合格、优秀的领导者，就是善于发掘和激励下属潜能的人，一个能为下属创造“表演舞台”的人。

案例

未遇明主空伤悲

在南宋末年，北方强大的金国不断发动南侵战争。当时年轻的辛弃疾也参加了抗金的义军。后来，他在南宋朝廷里，历任湖北、江西、湖南、建安抚使。

辛弃疾不仅仅是一个爱国英雄，同时也是一位很有才气的诗人，他写了很多充满战斗激情的词文。但是当时的皇帝软弱，听从主和派的意见，苟且偷生，在主和派的打击下，辛弃疾在上饶带湖旁，过了将近18年的退隐生活。在1203年，朝廷重新启用他为浙东安抚使兼绍兴知府。这时他就常常和住在绍兴鉴湖旁的爱国诗人陆游一起议论国家大事。

第二年春，宋宁宗宣召他去京城，征询他对北伐金国有什么好的建议。在临行前，陆游送他一首长诗《送辛幼安殿撰造朝》。诗中说：辛弃疾是惊世之才，是可以和管仲、萧何比肩的一流人物，在浙东做个安抚使，实在是大材小用了。

辛弃疾到了京城，但是皇帝依旧没有采纳他的意见，只是安排他做镇江府知府。这时，这位一直力图北伐，收复河山的爱国英雄在忧愤中病逝了。

而在汉朝的政治舞台上，情形就不是这样的，在楚汉相争中取得了最后胜利之后，汉高祖刘邦高兴得很，将群臣召集起来，加官封赏，在洛阳南宫大开宴席，款待全体文武功臣。

在酒席上，刘邦问道：“各位爱卿，请大家说实话，我为何能击败项羽，得到天下呢？”王陵首先说：“这是因为陛下平时待人很傲慢，喜欢发脾气，但是您赏罚分明，量才授职，能够给予有功之臣合适的赏赐，所以将士都愿为您效劳。而项羽他表面上仁慈、恭敬，但为人刚愎自用，猜疑功臣，从不与人分功，所以没有人愿意跟随他。同时，陛下您会将土地分赏给各位将士，和大家一起占有这种利益；而霸王项羽则不同，他不仅加害有功之臣，而且猜疑贤能之士，所以不得人心。”

刘邦听了之后不是很赞同王陵的看法，他说:“你们只知其一，不知其二啊！我之所以得到天下，全仰仗三个人。运筹于帷幄之中，决胜于千里之外，我不如张良；镇定国家，稳定后方，充实军饷，我不如萧何；统率军马，冲锋陷阵，战必胜，攻必取，我不如韩信。他们三人可以说是当今豪杰，天下奇才。但是都能在我的帐下效力，这就是我之所以得天下的原因。而项羽他只有一个范增，还没有好好重用，这是他灭亡的原因。”

自古有大才的人若没有遇到明主，没有得到一个适合自己的舞台，那就只能空悲伤，哀叹英雄无用武之地。

原文

取人之式，以有操守而无官气，多条理而少大言为要。(《曾文正公全集》)

译文

择取人才的方式，以有节操而没有官气，条理清晰而又不说大话最为关键。

解读

领导人选拔人才可以说有很多标准，不同的人有不同的侧重点，但不管怎样，都应该制定一套规则，按照这个规则去选拔才是要务。

领导人在制定选拔人才的规则时，应尽可能参考曾国藩所提出来的两点：有节操而没有官气，条理清晰而又不说大话。也就是说选拔人才时，要以德才兼备，实干少言为重。但是有的领导者却往往忽视了这一点，总以为侃侃而谈，口若悬河，谈笑风生的人就是大才，结果并非如此。

赵括能言不能行，却致长平大败，马谡能言不能行，却致街亭失守……历史已经无数次地证明，那些只会耍嘴皮子的人是永远也超越不了埋头苦干的实干家的。

案例

挥泪斩马谡

公元 228 年，诸葛亮为实现统一大业，发动了一场北伐曹魏的战争，兵出祁山，这次他力排众议任命谋士马谡为先锋，统领大军在前，与魏将张郃大战于街亭，在临行前，诸葛亮再三嘱咐：“街亭虽小，却是战略要地。失掉街亭，我军必败。”并具体告诉他“靠山近水安营扎寨，谨慎小心，不得有误”。当马谡到达战场的时候，查勘一番之后，觉得诸葛亮的安排不妥，于是违背孔明的战术，不听王平的劝告，一意孤行，将军队驻扎在一座孤山上。司马懿率兵来取街亭，放火烧山，将蜀军围困在山上，断了马谡的后路，致使街亭失守，诸葛亮无奈之下只能退军汉中。立下军令状的马谡被杀头正法，诸葛亮为之流泪。

其实，街亭失守，错不全在马谡，而是因为作为统帅的诸葛亮用人不明所致。马谡这个人年轻有为，和兄长们一起被称为“马氏五常”。当时马谡和马良曾同为荆州从事，当刘备入川时，马谡跟随大军同行，之后历任绵竹令、成都令、越希太守，由于才华横溢得到诸葛亮的赏识。但是刘备在临终时还担心诸葛亮会重用他，就特别提醒“马谡言过其实，不可大用”。可是诸葛亮并未听取。

马谡擅长战争理论、战略部署和战术安排，非常缺乏实战经验，而对于他的这些特点，刘备很早以前就已经认识得很清楚了，刘备有一个特点，就是能通过和人的交谈，观察他的气度和风度，来评价一下这个人是不是可造之才，当时诸葛亮对马谡推崇备至，但是刘备通过自己的观察，发现马谡这个人非常聪明，但是有点夸夸其谈，对行军布阵谈得条条是道，却没有那种为将者应有的沉稳与经验，刘备觉得他做个军师可以，但是出去打仗的话，还是有所欠缺，而且马谡非常贪功，年轻气盛，喜欢冒险，又听不进别人的言论，迟早会让军队陷入不利境地。所以刘备一直也没有重用马谡。

如果一个用人者没有对人才进行详细了解，而是随意任用的话，有时害的不仅是自己，也会害了整个团队，害了那个被错误任用的人。

原文

尺有所短，寸有所长，用人应用其长。(《曾文正公全集》)

译文

尺有它所短的地方，寸也有它所长的地方，用人也应该用他的长处。

解读

常言说尺有所短，寸有所长。现实生活中任何人都有自己的缺点和不足，因此，对人才的要求就不应求全责备，而应用其所长，舍其所短，这是用人的一个重要原则。

因此只要这个人能做的有利于事情的顺利完成，就要尽量让其为我所用，不论其出身，不论其所从事职业，甚至其品德也可以不考虑。因为人才是多方面的，瞎子的听力好，哑巴的手势打得逼真，这是常理。人有这方面的缺点就有另一方面的特长。

唐太宗李世民说："人之行能，不能兼备，朕常弃其所短，取其所长。人主往往进贤则欲置诸怀，退不肖则欲推诸壑，朕见贤者则敬之，不肖者则怜之，贤与不肖则各得其所。"李世民和曾国藩一样道出了用人的真谛，能较全面、准确地看一个人，了解一个人，掌握其长处和短处，就能用人得当，充分发挥他们的长处，就能为企业为自己谋取更多的利益。

案例

察人入微的宋武帝

东晋末年，中华大地北方已经处于北魏的统治之下，北方势力强大。而与之相对的东晋王朝，偏安南方，死气沉沉，毫无作为，当时的东晋大将刘裕废掉了晋帝，建立宋朝。

刘裕对于人才的使用上也是非常老到的，可见人才对于成大事的作用。

在刘裕的观念里，庸才是不可用的，不如不用。用人必须取其长处，也要知道他的短处，再加以使用。

当时的刘裕身兼扬州、徐州、衮州三地刺史，已经有了代晋而立的打算。而他有个从小一起长大的兄弟刘道怜，是他同父异母的兄弟，而他的母亲萧氏是刘裕的继母。后来等刘裕称宋王后，尊萧氏为太妃，对其非常恭敬孝顺。而刘道怜也曾追随刘裕南征北战，立下了一些战功。

有一年，刘裕离开扬州，让自己的小儿子刘义真接任他的职位，镇守石头城。当时刘道怜非常想要这个职位，但是又不好意思跟哥哥开口索要，于是找到他的母亲萧氏为其说情。等刘裕去见萧氏时，萧氏对刘裕说："你的兄弟道怜也曾经在你的左右追随，立下了汗马功劳，这个扬州刺史可以安排给他。"刘裕非常了解刘道怜，他虽然追随自己转战南北，又有战功，但是他那个人实在很普通，甚至有点蠢笨，才干也平平常常，加之他非常贪婪放纵，这个扬州刺史是当时非常重要的一个职位。对于想夺取晋朝江山，成就一番王侯霸业的刘裕来说，不能有任何的马虎，所以他说："母亲，扬州是关键的位置，关系到我今后的前程命运，要处理的事情有很多。我想道怜恐难以胜任。"萧太妃一听，非常不高兴，质问道："难道一个五十多岁的道怜，会比不上一个十几岁的义真吗？"刘裕马上解释道："义真虽然作为刺史，但他会将任何事物报给我，由我做主。而道怜已经这么大了，假如什么事都受我的控制，估计他也难以接受。但是所有的事务都交由他自己做主，我又怕他难以负重。无论是对于国家而言，还是对于道怜自己，我觉得他都不合适担当此职。请母亲大人见谅。"萧太妃听后觉得有理，于是默然接受，没有再说什么。

对于想成大事的人来说，就要洞悉手下人的长短，有些人可能在战场上能统几千兵马，但是治理一个郡或一个州就有问题，所以，知人善任，是成大事的前提之一。

原文

大抵人才约有两种，一种官气较多，一种乡气较多。官气较多者，好讲资格，好问样子。办事无惊世骇俗之象，言语无妨此碍彼之弊。乡气多者，好逞才能，好出新样，知事则知己不知人，言语则顾前不顾后。(《曾文正公全集》)

译文

人才大体上可分为两种，一种官气较多的，一种乡气较多的。官气较多的人，喜欢讲资格，摆架子。这种人办事不求惊世骇俗的表现，也不出格，不会有什么弊端，不足之处是太没有朝气。乡气较多的人，喜欢表现自己的才能，喜欢出新意，做事时光考虑自己，不顾别人，说话时只顾前不顾后。

解读

人才分为有官气的和有乡气的，有官气的人，就是有官僚习气，这种人死气沉沉，没什么活力，虽然这种人有些小才，也有些个人的专长，但他不会有大的发展，一个团队一个企业要想办成事，就一定要摒弃这种人才。

另外一种是有乡气的，这种人个性鲜明，喜欢逞能，优点很明显，缺点也很明显，但是真有本事，在一个团队和企业中，领导者就要敢于任用有乡气的人。

领导者用人不应专取才华，而应以质朴为主，这一点是很重要的。毕竟人的才品虽多有不同，然而只有质朴才是最长久的。那些有官气的人可能有才，但却不易驾驭，倒不如用那些有乡气的人，再慢慢培养他们，最后肯定比用有官气者管用。

案例

空谈误国

有很多当官的人喜欢端着一副官架子，让碰见他的人都谦让于他，但是做事的时候就不见了踪影，只听见那指指点点的官腔作响。而一个官员可能只会误一地之事，如果一个国家都处于一种空谈之中，那这国家非亡国不可了。

唐太宗就曾经对大臣们讲过一个关于梁武帝、梁元帝的故事，希望手下的人都引以为戒：空谈误国！

梁武帝萧衍是江南兰陵萧氏的杰出人物，好像说是汉朝名相萧何的后代。萧衍自幼聪明绝顶，博学多才。在南齐末年，政治局面混乱，梁武帝崛起，开国称帝，建立了梁朝，给江南带来了一时的和平安宁、文化繁荣。南方文化可以同北方相抗衡，就是从这个时期开始的。

但是梁武帝这个人非常不务实，偏安江南完全忘记了北方大敌当前，而全部陶醉在江南的春暖之中，男人们涂脂抹粉，世家子弟听到驴叫都吓得要死，以为是老虎，一个个吓得抱头鼠窜，弱不禁风。而梁武帝也成天和大臣们谈佛论道，探讨宇宙的一些奥秘，畅谈人生理想，把国家大事置之脑后，好像所有事情用嘴巴说就能解决掉，最后政治矛盾激化，梁武帝的大将军侯景看穿了梁朝是泥塑的菩萨，徒有其表，于是兴兵作乱，将梁武帝困死在都城里。

梁武帝的儿子萧绎平定“侯景之乱”之后，当了皇帝。当时南方的战略位置都已经被北周占领，换成谁都会励精图治，厉兵秣马地准备，但是梁元帝依旧像他父亲一样，大谈特谈，搞文治，组织百官听讲学习，他还亲自在朝堂上进行讲解，津津有味。当北周的军队包围都城，枪林箭雨，杀声震天时。梁元帝还依然在大殿上讲论《老子》，百官戎服静听，好像只要读了这些圣贤书，自会有神明保佑，根本不用惧怕强敌。但是，城照旧被攻破了，梁元帝期待的神明没有出现，他陷入彻底的绝望之中，此时他开始怪罪书籍说：“读书万卷，还不是城破”，于是他放了一把火，将几十年来收集的珍贵古今图书十二万卷付之一炬。梁元帝这样空谈道德文章，不务实事，岂不误事！

一个领导者面临问题时，如果不去解决，而是靠空谈道义，磨嘴皮子的话，那说到底还是在混，在回避矛盾。问题的解决不是念念经就能敷衍过去的。所以，空谈误事，空谈误国。

原文

余谓德与才不可偏重。譬之于水，德在润下，才即其载物溉田之用；譬之于木，德在曲直，才郎其舟揖栋梁之用。德若水之源，才即其波澜；隐若木之根，才即其枝叶。(《曾文正公全集》)

译文

我认为德与才不能有所偏重，就好比水一样，有德作为渠道，才才能起到灌溉农田的作用；也好比树木一样，有德在弯曲的部分支持，才才能用来做桨和屋梁。德就像水的源头，才就是水的波澜，德就像树木的根部，才就是枝和叶。

解读

封建统治者在用人标准上提倡和坚持“德才兼备”，这是比较普遍的现象。而在现代社会，这一标准同样适用。

德才备的人是最受人推崇的，他们对下既能办事又能处理关系；对上则会忠心耿耿，不谋私利，让人放心。别人服，上司放心。用人者能找到德才兼备的人是很幸运的，能用到这样的人才也是用人者之福。古今中外，许多用人者都选用那些德才兼备的人才，并予以重用，而这些人也不负所托，尽职尽责，做出了极大贡献。

但是德才兼备之人毕竟寥寥，用人者就当擦亮眼睛，着重从创造能力、表达能力、敬业态度、适应能力、人际关系、美好的品德等方面去考察，一旦发现了，就应大胆任用之。

案例

德才兼备的楷模诸葛亮

历史上不乏有德之人，更不乏有才之人，但真正德才兼备的人还真不多。被世人认为德才兼备楷模的人物应该是三国的诸葛亮。

诸葛亮不仅仅是中华民族智慧的化身，还是集智慧与人格于一身的圣贤，他践行的是“鞠躬尽瘁，死而后已”的舍己精神，是历代文人志士追求的一个人生境界。

至今在武侯祠中有一副别具匠心的对联，是对诸葛孔明一生的高度概括。“收二川，排八阵，六出七擒，五丈原前，点四十九盏明灯，一心只为酬三顾。取西蜀，定南蛮，东和北拒，中军帐里，变金木土爻神卦，水面偏能用火攻。”

诸葛亮隐居隆中时，博览群书，广交士林，关心时势，每自比管仲乐毅，有远大的抱负。年少之时就将管仲和乐毅作为自己的学习目标，树立远大的人生目标。

后来，当刘备三顾茅庐，以千古未有的求贤至诚深深打动了他，他才毅然走出草庐，施展自己的一番本领，一匡天下。在隆中时，他跟刘备说：“今操已拥百万之众，挟天子而令诸侯，此诚不可与争锋。孙权据有江东，已历三世，国险而民附，贤能为之用，此可以为援而不可图也。荆州北据汉、沔，利尽南海，东连吴会，西通巴蜀，此用武之国，而其主不能守，这就是上天留给将军的，您有意取之吗？益州险塞，沃野千里，天府之土，高祖因之以成帝业。”短短的这几句话，就可以看出诸葛亮非凡的政治才能，他能对天下局势有一个正确的分析，高瞻远瞩，为刘备做出一个战略计划。

刘备听了诸葛亮这一番精辟透彻的分析之后，豁然开朗。他觉得诸葛亮人才难得，恳切地请诸葛亮出山，帮助他完成兴复汉室的大业。诸葛亮见刘备虚怀若谷，抱负宏大，也答应了出山辅助刘备。不久，刘备以隆重的礼节把诸葛亮接到了自己的驻地。刘备的知己关羽和张飞，见诸葛亮寸功未立，就受到刘备如此的青睐和倚重，不免流露出一些不快，当时刘备就跟他们解释说：孤之有孔明，犹鱼之有水也。希望你们不要再说什么。关、张二人见刘备这么说，都不敢有什么意见。

经过几年经营，到刘备屯驻樊城时，他们已经拥有了一支万余人的军队。在刘备的周围，聚集了关羽、张飞、赵云等武将，诸葛亮、徐庶、孙乾、糜竺等谋士。由于刘备知人善任，许多才能之士纷纷都归心于他。

原文

德而无才以辅之则近于愚人，才而无德以主之则近于小人。(《曾文正公全集》)

译文

有德没有才协助就跟愚笨的人没什么区别。有才而无德就基本算是小人了。

解读

在这个世界上，德才兼备的人很难找寻到，大多数人可能只具备德与才的某一个方面，而用人者在考量这样的人时，则应遵循德在才先的准则。

一个人德是根本，才是关键，无才的人不利于企业的发展，而无德的人则会直接危害企业的发展。因此，领导者在选拔人才时，既要看他是怎么说的，也要看他是怎么做的。不能重德轻才，更不能重才轻德，选用“能人”时，要多看他的德，选用有德之人时，注意他的才。对于那些有一些才能的人，更要注意看他的德行。

有德之人人说好，无德之人人嫌弃。要通过选拔有德之人，树立正确的用人导向，使那些注意修德的人更加修德，使那些不注意修德的人，也加强德行修养。

案例

蔡京之才与廉希宪之德

说起中国的奸臣，蔡京肯定是榜上有名的，他被称为徽宗朝“六贼”之首。当时徽宗赵佶对他宠信有加，就算是朝廷中每一次的反蔡风潮，徽宗也只是意思意思，迫于情势，不得不将其降黜或外放，安抚一下民意，不过没多久又会让他官复原职。并且一直升迁，从尚书右仆射升任左仆射兼门下侍郎，成为当朝第一宰相，在他二十多年的为官岁月里，遭到了四次罢免，但又四次被起用。最后，就算蔡京年已八十，老眼昏花，步履蹒跚，徽宗还是非常倚重他，一直到退位为止。

那徽宗为何如此器重蔡京呢？就是因为他的才气，当时蔡的书法自成一格，就算是狂傲的米芾都曾表示，自己不如蔡京。据说，一次蔡京问米芾：当今书法何人最好？米芾回答说：自唐柳公权之后，就属你和你的弟弟蔡卞了。蔡问：其次呢？米芾说：那当然是我。当时“苏黄米蔡”之蔡，原指蔡京，后人恶其奸邪，易以蔡襄。

而徽宗就是一个非常热爱书法艺术的人，所以非常偏执地重用蔡京。有一年夏天，蔡京家的两个仆人非常恭谨地伺候蔡京，不停地用扇子为他扇凉。蔡京感到很舒服，于是拿过他们的扇子，在上面题了两句杜甫的诗。没想到，就在几天之后，这两个仆人就发财了，原来他们的那把题字的扇子被一位亲王花两万钱买走了。当时两万钱相当于一户普通人家一年的花销。而花钱的这位亲王，就是还没做皇帝的宋徽宗。从这个小故事就能看到，本身就是书法大家的宋徽宗是何等喜爱蔡京的作品。

但是北宋之亡，很大的原因就是宋徽宗宠用蔡京这个佞臣，最后和他的儿子钦宗都成为了金兵的俘虏。八十岁的蔡京失去保护之后也被充军。在他充军的路上，百姓不给他一汤一饭，最后被活活饿死。

而元朝的廉希宪，则是一个非常看重德的人，觉得德要比才重要。廉希宪当时在元世祖手下任中书平章政事。有一次，南宋降将、中书左丞刘整前来拜访，廉希宪非常冷漠，都没有看座。等刘整离去后，又有一位南宋的穷书生带着自己的诗稿前来求见，廉希宪听说后，马上将他请到书房内，两人交谈甚欢，海阔天空地聊了半天。最后廉希宪还十分关心这位书生的生活情况，就好像对待自己的家人一样。等书生走后，廉希宪的弟弟问他：“刘整那样的大官，兄长却瞧都不瞧，但是对于一个贫寒的书生，兄长却礼遇有加，这是为何呢？”廉希宪回答说：“这个你就不明白了。作为朝廷大臣，我的行为关系到国家的利益。刘整虽然尊贵，但是没有德行，背国叛主；而那名书生不一样，是应该善待的儒者文人，我们必须尊敬他们，这样儒术才能有助于我们国家的统治。”

原文

吾兄弟于有才而无德者，亦当不没其长，而稍远其人。（《曾文正公全集》）

译文

我们兄弟对于有才能而没有德行的人，也应当不埋没他们的特长，而稍稍与他们保持距离。

解读

司马光在《资治通鉴》中说：“是故才德全尽谓之圣人，才德兼亡谓之愚人；德胜才谓之君子，才胜德谓之小人。”那些有才能而没有德行的人，就是小人，他们喜欢拿着他们的才干来做坏事。

但是小人也不是全无用处，他们的才干用到好的地方也能发挥莫大的作用，对于这样的人，就要对他们进行“限制”，领导者需要制定相关规则，让他们知道什么应该做，什么不应该做，再就是要对“无德”引发的不良后果有估计，设立过程监督和检查机制，让他们的“无德”没有发挥的空间。再就是要建立善后补救机制，要真的出了事情，能及时应对，不至于束手无策。

所以，对于有才无德的人一定要慎用，不妄加批评，要肯定他们的才干，但要选择保持距离，不要与他们走得过近，避免让自己有同流合污、损害名声的可能。

案例

善用小人

中国人一直都喜欢亲近君子，讨厌“小人”，孔夫子就曾说过“惟女子与小人难养也”。但是大千世界，众生百相，各有各的性格特点，作为一个管理者，难免会碰到小人，而且“小人”还具有一定的市场，所以，作为管理者，如何管理小人，正确地面对他，正视他，与其和谐相处，互利共赢就显得非常重要。

北宋开国名将曹彬为人诚实，宽厚仁义，尤以御将有恩而为时人称道，史称气质淳厚。

其实他对付小人也很有一套方法。有一次，宋太祖赵匡胤任命曹彬为主将，率兵征讨南唐。在临行前太祖交给他一把尚方宝剑，说：“副将以下，不用命者斩之。接着又问曹彬有什么要求。”曹彬说：“请求皇上恩准，调用将军田钦担任另一路的前敌指挥官。”

请求皇上让一个爱打小报告的田钦担任另一路的前锋指挥官，让曹彬身边的人都感到不可思议，疑惑地问：“对于田钦这种既狡猾又贪婪，爱争名夺利又好打小报告的小人你也敢用？”曹彬淡定地告诉他们：“我就是为了避免小人进宫谗言扰乱军心，怕他在后方坏事，所以不如委他以重任，放在我的眼皮底下，也许还能派上一些用场，分他一点功名，把其嘴堵上。况且我还有尚方宝剑，有先斩后奏的权力，不怕他闹事。”

听曹彬这么一说，他的手下都明白了曹彬的深远用意，连称高明。在曹彬的眼里，小人也是有利用价值的资源，应该充分发挥其作用，因为有君子就会有小人。对付小人一味躲避也不是上策，如果加以利用，纳入自己的掌握之中不失为一种聪明的办法。

与小人过招，不一定非要你死我活，死缠烂打，你拆我家一堵墙，我非砸掉你家一扇窗，你抓我脸上一道痕，两败俱伤的打法于己不利。不妨改变一下自己的思维，主动善用小人，以达成合作共赢。

一代女皇武则天从小入宫就学会互相倾轧，相互利用之术，当了女皇后她也善于利用小人，让他们搜集情报去诛锄异己，稳定自己的统治，等达到目的后再给小人加个罪名，以平民愤。在有些特定的形势下，领导必须器重小人，利用小人，只是要加以约束，小心谨慎地驾驭好那种关系。

原文

知人诚不易学，晓事则可以阅历黾勉得之。晓事则无论同己异己，均可徐徐开悟，以冀和衷。不晓事则挟私固谬，秉公亦谬；小人固谬，君子亦谬；乡愿固谬，狂狷亦谬。重以不知人，则终古相背而驰，决非和协之理。（《曾文正公全集》）

译文

知人的本领，的确是不容易学到的。晓事，则可以通过增加阅历和勤奋学习而得到。晓事，则无论是志同道合的人还是异己之人，都可以慢慢地开导和教育他们，以求得和衷共济。不晓事则挟私怨，从而办错事，即使秉公执法也会错；小人不晓事会出错，君子也一样；没有原则的人会错，狂狷的人也是一样。如果再加上不知人，那办事就会始终背道而驰，这决不是和谐之道。

解读

辨别人才是一件很困难的事情，有时候遇上几个能力相当的人在面前，很容易让用人者无法决定该选择谁。其实这也是有解决之道的，就像曾国藩说的，知人不易学，但是晓事却是可以学来的。要观察一个人能否被任用，就要先通过了解他做过的事情来进行判断，是什么样的人往往会做出什么样的事来。

当然，也不是说根据一个人做过的事就能将他的品质定性为好坏高低，也有一些偶尔做错了事的人才。了解一个人是不是能为己所用，关键还是看他做的事符不符合你的标准，是不是适合当前的情况。并不是一个做了很多好事的人就适合你，也不是做过一两件错事的人就一定不适合你。

如果能够通过晓事来坚定自己对这个人的看法，就应当贯彻自己的想法不要动摇，要相信他能给你带来最大的价值，也要相信你自己的判断是正确的。

案例

刚正不阿的李克

要真正了解一个人才，不能仅仅听凭其他人讲什么，或者通过几件事就草草下结论，辨别人才是一种大本领，能考察用人者察人观色的能力。通过了解对方做过的事情来进行判断，一般什么样的人往往会做出什么样的事来。

有一天，魏文侯召见李克，要他从魏成和翟璜中选出一人出来做宰相。李克沉思良久，答道："臣乃局外之人，不敢回答大王的话。"文侯说："事已至此，请先生就不要再谦让了。"李克这才回答说："君上如果要知道一个人的品格及能力，那就要在平日里观察他和一些什么样的人亲近；看他富贵之后，身边交的是什么朋友；当他位居高官之后，看他给国家举荐了什么样的人才；当他不得志身处逆境的时候，观察他是否能独善其身；当他贫寒拮据时，就要观察他是否接受不义之财。您用这几点作为标准去衡量人才，就能得到您想要的贤才。"

文侯听完之后，跟他说："先生，我明白您的意思了。"于是李克出宫去，在路上遇见了翟璜。翟璜赶紧向他打听说："我听说主上刚刚召见先生询问任命相国的事，结果如何？"李克说："是魏成。"翟璜脸色大变说："镇守我国西河的大将吴起是我推荐的；治理邺地的西门豹也是我推荐的，征伐中山的乐羊同样是我推荐的，在攻克中山之后，连您都是我推荐的；而太子没有，也是我推荐了屈侯鲋。您说，我有哪一点比不上魏成？"

李克说："请问先生，您当时向主上推荐我的时候，就是为了今日我在主上面前为您多说好话，为您的高官显爵卖命吗？主上当时是问我谁做相国合适，我也不过是跟他说了一些用人的道理，没有说推荐谁做国相。但我之所以知道君主会选择魏成，那是因为魏成那个人虽然位居高位，年俸丰厚，但是善于克己，而且有卜子夏、田子方、段干木三位贤者都愿意辅佐他。而这三个人是主上尊为老师的人，而您刚刚说的那五位，都只是主上之臣。您觉得这是可以比较的吗？”

翟璜听后大惊，迟疑片刻之后，带着羞愧之情说：“听君一席话，胜读十年书呀。我就是一个这样鄙陋的人，说话不注意分寸，我甘心拜先生为师，接受先生的教诲。”

要真正了解一个人就需要天长日久的观察。观察他在失意时及得志时的一言一行，从生活中那些点点滴滴的小事里了解他的品行。从一滴小水珠里发现太阳的光彩。成大事者身边能有李克这样的能人，离成功就不远了，毕竟这样的能人是不可多得的。

原文

不苛求于全才，宜因量以器使。(《曾文正公全集》)

译文

用人不要苛求别人是一个全才，应该按照他们的才能来合理使用才是。

解读

有的用人者总是喜欢用苛求的眼光去看人，把一般性的毛病看得特别严重，觉得这也不行，那也不行，结果让很多有才能的人得不到重用，影响了组织的发展。

其实，世界上本就没有十全十美的人，宋朝戴复古说："黄金无足色，白玉有微瑕。"我们在识别一个人时，就应该正视这种现实，不要用"完美"的观点看人，死死扭住一些小的毛病不放，而要以善意的态度了解一个人的全部情况，分析一个人的所有特点，从中找出他的长处。

由于个人成长的主客观因素的局限，决定了任何人只能了解、熟悉和精通某一领域某一方面的知识或技能。所以用人者用人时应该注意先弄清楚使用对象的特长，这种特长适用于哪些领域，然后找到最佳的位置。不要唯用责人，人为地要别人放弃特长而去适应工作。当然，用人看长处，并非完全不看短处。对于降低了人的价值、危及了用人目标实现的严重缺点，也是绝对不能含糊的。

案例

鲁仲连谏孟尝君

很多管理者在招揽人才的时候，都希望能找到全才就好了，但是人无完人，肯定不能用完美的要求来苛求他们。而是应该找到适合的人才，利用其长处。

在战国时期，各国贵族王公养士成风，他们招揽天下人才，然后奉养起来，但是给人才划分不同的等级，给予不同的待遇。很多贵族在招揽人才时都片面地只取大才，带有一种虚伪性，那些出身贫贱的人才，往往很难真正被重用，对于这种情况，孟尝君的谋士鲁仲连跟他讲“善养所有的马终得良马，厚待所有的宫妃终得淑女”“应该礼待所有的士以求贤才”，孟尝君赶紧提高了士的待遇，平等真诚对待每一个门客，这样，那些真正的贤才才趋之若鹜地前来归顺。一时门庭若市，食客多达三千余人。

当孟尝君的门客多了之后，就难免来了一些混吃混喝的人，特别是还有一些人傲慢无礼，对孟尝君都不尊重，于是他打算把他们赶走。鲁仲连听到这件事之后，马上进见孟尝君，对他说：“猿猴假如离开树木掉进了水中，那么它们的动作还没有鱼鳖灵敏；假如在那些危崖险壁之上，千里马也追不上狐狸。而大将军曹沫举起三尺长剑，军队都不敢与之抗衡；但是假如让曹沫放下三尺长剑，拿着耕田的器具，和农夫一样在田里工作，那他也许还不如一个农夫。这样看来，每个人都有他自己的长处，如果舍弃他的长处，而只是发现他的短处，就算是尧舜也有缺点啊。你安排一个人去做他不擅长的事情，就说这个人笨拙，没有才华，就要遗弃他，假使因为自己的一己私念而驱逐不能与自己共处的人，那么这些人必定会逃往国外，并且会寻机报复往日的怨恨，这难道是好事吗？”孟尝君听后，非常赞同，于是决定留下这些食客。

于是，孟尝君“不择贵贱、唯才是举”的声誉更高。吸引了像冯谖这种“贫乏不能自存”者，孟尝君对他们宽容善待，冯谖们也对他死心塌地，为他“焚约市义”赢得薛国百姓“三呼万岁”，又为他策划“狡兔三窟”赢得多国争聘为相。

就是因为孟尝君听从了门客的意见，对人才宽容以待，终归还是得到了人才的报答。

原文

搜求人才，采纳众议，鄙人亦颇留心，惟于广为延揽之中，略丰崇实黜华之意。若不分真伪，博收杂进，则深识之士，不愿牛骥同处，庸人得意，而贤者反掉头去矣。(《曾文正公全集》)

译文

搜罗人才，采纳大家的意见，我也非常留心，只是在广泛延揽人才之中，略微喜欢朴实而不爱浮华而已。如果不分真伪，把什么人都招进来，那么一些具有真知卓识的人，就不愿和庸才一起，使得投机取巧之徒反而得势，而真正有才的人却被挤走了。

解读

虽然说，广泛延揽人才是一个领导者必须要有的素质。但在搜罗人才之中，也应有所侧重，要分清真伪，重点取那些朴实的人，而非浮华之人。

如果不分辨人才，把什么人都收进来，那必然会使真正有才能的人觉得有失公允，久而久之，贤者反而会掉头离去，剩下一些投机取巧之辈留在身边，于事无补了。

所以说，领导者用人，就当任人唯贤。任人唯贤，关键是一个“贤”字，它至少应包括“德”和“才”两方面的内容。看一个人是否可用，甚至是否可重用，首先看他的“德”，它关系到一个人是否能够用好手中的权力的问题。从这一点上来说，朴实之人也比浮华之人要好得多。

案例

费无极逼走伍子胥

一个管理者在广揽人才的过程中，会面对一个问题，就是不管什么人，都有可能过来投靠，假如那些奸诈的小人与你亲附的话，那么那些贤明的人才就有可能远离你，所以，任人唯贤，贤才是关键。

楚平王即位后，就任命伍奢作为太子建的太傅，任命宠臣费无极为太子少师，太子建非常尊重伍奢，但是对那个品行不端的费无极嗤之以鼻，所以费无极心里暗自生恨，寻机报复。

公元前527年，太子建年满15岁，费无极对平王说太子建可以成家了。楚平王于是为太子建娶秦哀公的长妹孟嬴为夫人，派遣大臣费无极专程前往秦国迎接。当费无极到达秦国之后，发现马上要嫁给太子建的女子长得非常姣美，于是动了一个邪念，费无极本来就是一个小聪明层出不穷的野心政客，急于爬上宰相的位置，于是他连夜抢先返回楚国，悄悄地对楚平王说："秦国嫁给太子建的女子可谓是倾国倾城啊！非常美丽，君王您可以自己娶为妻子，给太子再另外找一位女子做妻子。"楚平王本来就非常好色，也没有顾忌礼仪，在费无极的怂恿下，自己霸占了这个秦国的女子。让一名齐女冒充孟嬴。

经过这件事之后，楚平王可以说对费无极是非常宠信。过了一年，孟嬴为楚平王生下了一个儿子芈轸，就是日后的楚昭王，这一段丑闻开始泄露。

由于担心太子建登上皇位之后对自己不利，楚平王采纳费无极的建议，将太子建派去镇守城父，第二年，费无忌在楚平王面前进献谗言："太子居住在城父地区，独揽兵权，对外交结诸侯，他是在谋划篡夺军权啊。"楚平王听信了，以为太子建真的在谋划篡夺军权。而太子太傅伍奢对太子建的行为负有责任，于是楚平王就将太子太傅伍奢召来，对他严加责备。伍奢知道楚平王是听信了费无极的谗言，于是对楚平王说："大王您怎能因为一个小臣的话而疏远自己的骨肉呢？"费无极知道伍奢讲的这番话，觉得伍奢是自己的心腹大患，于是就对楚平王说："如果您现在不制裁伍奢的话，日后您会后悔的。"楚平王听信了费无极的话，将伍奢囚禁起来。还计划下诏诱杀伍奢及两个儿子。当时伍奢的二儿子伍子胥识破了楚平王的奸计，赶紧逃跑了。楚平王杀了伍奢、伍尚，并下令捉拿伍子胥。伍子胥逃奔到吴国，辅助吴王阖闾，最终灭了楚国。

假如楚平王能够远离小人，重用忠臣的话，伍子胥就不会被逼走去吴国，以伍子胥的才能，帮助楚国踏平吴国也不是不可能的。

原文

而其物义沸腾，被人参劾者，每在于用人不当。沅弟爱博而面软，向来用人失之于率，失之于冗。以后宜慎选贤员，以救率字之弊；少用数员，以救冗字之弊。(《曾文正公全集》)

译文

而引起纷纷议论，被别人弹劾的，往往在于用人不当，沅弟爱护的人多，而又爱面子，从来在用人上都失之于草率，失之于杂多。今后要谨慎地选择贤德的人员，以此改掉轻率的毛病。少用一些人，用来救治多杂的毛病。

解读

用人草率容易出现很多负面影响。有的人仅凭个人好恶就轻易用之，就可能导致用人腐败，助长拉关系、走后门等风气。因此，领导者在选人用人上一定要慎重，以此来改掉轻率的毛病。

领导者选人用人时要公正无私，要讲正气，正如《贞观政要》中所说："用得正人，为善者皆劝；误用恶人，不善者竞进。"领导者要坚决杜绝用人中的庸俗作风，尽量选取德才兼备的人才。

用人也不要太冗杂，人员冗杂，办事效率就会变得低下，在层层传递之中，很多制度落实不到位，跟进的速度也会相应缓慢得多，所以还不如少用一些人，减少传递环节，使制度一步到位，并大大提高跟进的速度。

案例

赵构海选太子

南宋皇帝宋高宗赵构在一次兵变中受到了惊吓，失去了生育能力，为了皇位后继有人，他决定进行一次海选，从宋太祖赵匡胤的子孙中进行筛选，结果有五千人参与了海选，最后有两个十岁的孩子，进入了决赛，由高宗亲自主持，这两个孩子一胖一瘦，胖的叫伯玖，瘦的叫伯琮。决赛的环节似乎很简单，接受高宗的面试，决出最后的胜利者。

赵构皇帝把他们召见在大厅测试，赵构龙眼一望，立即喜欢上那个胖的孩子伯玖，因为这个胖孩子看上去更加随和、可爱，招人待见，也有帝王之相，那个瘦小的孩子就没有那种气势了。还没问一个问题，就决出了胜负。

于是高宗给瘦的孩子三百两银子作为奖金，叫他回去；就在要结束的时候，戏剧性的一刻发生了，有一只猫冲了进来，蹿到胖子的面前，胖子狠狠地一脚就将猫踢死了，而那个瘦的孩子没有任何不满之情，还是很礼貌地跟周围的人致谢辞行。这时皇帝脸色一变，改变了主意，他觉得胖子没有仁爱之心，对一只猫都如此残忍，那今后做了皇帝还了得，于是他留下了那个瘦孩子，胖瘦两人的命运就这样发生了戏剧性的变化。

皇帝决定立伯琮为太子，于是请来了最好的老师，幸好这孩子也很聪明，非常争气，勤奋好学。太子继承人选有了，但一直没有顺利地登上太子之位，因为赵构的母亲韦太后不喜欢伯琮，她一门心思想立寄养在后宫的赵琢为太子，这让赵构感到左右为难，经过一番深思，他想了一个办法来做最后的决定。

高宗从宫中抽选十名美女做丫环，分别给伯琮和赵琢送去，过了短短的一个月内，赵构又下旨召回这些美女，命令她们到皇宫接受体检，结果发现给赵琢的十个美女都已破身，而送到伯琮府上的美女仍然是处女。高宗的想法很简单，江山社稷总不能托付给一个酒色之徒。

公元1162年，皇帝赵构正式册封伯琮为太子。后来登基成为宋孝宗。当宋孝宗即位后，立即给岳飞平反，又将秦桧时期制造的冤假错案予以昭雪。同时，重用主战大臣，整顿吏治，严肃军纪，积极抗金，收复失地，成为南宋最有作为的一位皇帝。

赵构做皇帝不是很在行，但是他很会选人用人，他的用人之道是，残暴凶狠之人不能用，好色之徒也不能用。这个简单的历史典故启示后人，为官用人必须对人才深入细致观察，不能仅仅凭借个人喜好做取舍，要进行试探考核，品行道德应放在首位。

原文

用人不率冗，存心不自满，二者本末俱到，必可免于咎戾，不坠令名。(《曾文正公全集》)

译文

举用人才不轻率随便，心中思想不骄傲自大，做到这两点就能兼顾处事的根本与枝节，就一定能够避免罪过灾祸，不会败坏美名。

解读

举用人才是很难的。

虽然举用人才是难事，也不可轻率随便，不要被别人迷惑，要通过自己的观察和考核发现真正的人才，如果仅是听凭别人的一面之词或自己的喜好任用人才，难免造成不知人，不善任的结果，使自己蒙受不必要的损失。

古代的先贤圣哲在举用人才时都会抱着谨慎的态度，因为他们知道，朝中多了一位贤能之士，政治就会多一分清明。但即使如此，再精明睿智的人也有看走眼的时候。所以这就要求我们千万不能忽视，要慎之又慎地对待所有“人才”。

举荐了贤才，得到了名声，也不能妄自尊大，骄傲自满。其实为上者最忌就是骄傲自满。不自大自满，才能勇于面对自己在识才上可能犯的错误，而如果能在举用人才后，又主动退让，让真正的贤才得以出人头地，那就是更高的一种境界了。

案例

鲍叔牙之让与管仲之公

齐国之所以成为春秋五霸之首，主要得益于三个人，一个是善于采纳意见的桓公，一个是善于举荐人才的鲍叔牙。还有一个就是善于政务的管仲。鲍叔牙当时是桓公的师傅，桓公能成为齐国的新君，也全是仰仗这位师傅的功劳。当时桓公君临天下，鲍叔牙出席相位，本是顺理成章的事情，但是他从国家的长远利益出发，说服齐桓公任用管仲为相，自己甘心退居次位。齐桓公是个很有肚量的人，为了齐国的利益，他还是听了鲍叔牙的劝说，断然尽弃前嫌，拜管仲为国相。而管仲也没有辜负鲍叔牙的重望，尽心竭力地辅佐桓公治理江山。

当时，在齐国用人问题上，管仲承袭了鲍叔牙唯才是举，量才用人的人才观：任用隰朋做大司行，负责外交事务，因为他那个人举止规范、行动有礼有节、言辞刚柔相济；任命宁戚为大司田，掌管农业生产，开荒建城、垦地蓄粮；在军事方面，任用王子城父为大司马，统率三军，威震敌军；看中了宾胥无断案刚正不阿，从不滥杀滥诬，于是任命他为大司理，负责司法刑律；东郭牙敢于直言进谏，尽臣子之责，不在乎富贵得失与生死荣辱，于是任命他为大谏之臣，主管监察谏议。

而当管仲因病临终让位时，也没有顾及当时鲍叔牙对他的推荐之恩，还是依据量才而用的原则，推荐隰朋做了相国。有不少人就说："这个管仲，真的是无情无义之人啊。其实，管仲和鲍叔牙两人是好朋友，鲍叔牙的恩，管仲岂能不知呢。只是他也深知鲍叔牙的脾性并不适合做相国。而当鲍叔牙知道管仲推荐他人后，也非常赞同管仲的做法。

鲍叔牙本来可以做相国，却让给了管仲；这种主动退让，让真正的贤才得以出人头地，是更高的一种推荐人才的境界。

而管仲本来可以送鲍叔牙一个人情，但是他推荐了他人，这些在某些人看来不义的行为，恰恰是管仲优秀的地方，反映了鲍叔牙、管仲是懂得人贵适其位的好领导。

因为人才贵在适用，不能轻率大意，也不能存有私心，如果放错了地方，人才就变成人手了。

原文

世人聪明才力不甚相悬，此暗则彼明，此长则彼短，在用人者审量其宜而已。(《曾文正公全集》)

译文

世上的人的聪明才智悬殊其实并不很大，这处不行，那别的地方肯定很好，他在这方面是长处，而在别的方面就有其短处，用人的人应该考量他们的长处，安排他们合适的职位。

解读

世界上的每个人都有长处有短处，他在这方面不行，而在另一方面却很可能如鱼得水，做出非凡的成绩。

“用人之道，尤为未易。己之所谓贤，未必尽善：众之所谓毁。未必全恶。知能不举，则为失材；知恶不黜，则为祸始。又人才有长短，不必兼通。是以公绰优于大国之老，子产善为小邦之相。绛侯木讷卒安刘氏之宗，啬夫利口不任上林之令。舍短取长，然后为美。”这是唐太宗李世民在贞观之治后总结用人经验时说的话，和曾国藩所言有着异曲同工之妙。

俗话说，金无足赤，人无完人。再优秀的人才也有他的局限性，也不是万能的。只有做到量才用人，才能最大效率地发挥人才的作用。

案例

佛祖分工及曾府幕僚

在这个世界上，尺有所短、寸有所长。每个人都有他的长处和短处，世上无废人，他也许在这方面不行，但是在另一方面却可能顺风顺水。关键还是在于领导者如何去发现及用人所长。老话说“犬守夜、鸡司晨”。假如反过来让鸡守夜，肯定被黄鼠狼拖走，小偷如临无人之境；而让犬司晨的话，大家都会睡过头。

有这么一个小故事，说的是在弥勒佛的庙内，一眼就能看到笑脸迎客的弥勒佛，但是在他的北面，则是一尊黑口黑脸的韦陀。但是相传在很久以前，他们并没有在同一个庙里，而是分别掌管不同的庙。因为弥勒佛热情快乐，所以来的人非常多，但他什么都不在乎，总是丢三落四，没有好好地管理账务，弄得入不敷出。而韦陀管账是一把好手，但整天板着个脸，非常严肃，没有什么人去，最后弄得香火断绝了。当时佛祖在查香火时发现了这个问题，于是灵机一动，将他俩放在同一个庙里，由弥勒佛负责公关，笑迎八方客，于是香火大旺。而韦陀铁面无私，锱铢必较，最适合管理财务，这俩人于是分工合作，庙里一派欣欣向荣的景象。其实，用人就是如此，取其所长，避其所短，安排合适的职位给他们，在用人大师的眼里，没有废人，关键看如何运用。

在中国近代，最擅长量才用人的人非曾国藩莫属，从他的幕府，走出了一批杰出的人才，比如朝廷要人李鸿章，封疆大吏左宗棠，地方人才沈葆桢、丁日昌，还有擅长外交的薛福成、郭焘嵩、黎庶昌，科学家李善兰、华蘅芳、徐寿、徐建寅。统率这么多可用之才的，正是非常善于用人的曾国藩。

一个人如果想要领导人，前提是要先识人长短，也要识己长短，一个人要清楚自己的长处和短处，做自己擅长的事，这样成功的胜算才会比较高。

在军事上，曾国藩并不擅长，对行军打仗没什么优势，他在连吃了几次败仗之后，决定自己主要负责选拔重要的将领，不再插手具体的军务。有了这么一个认识之后，湘军历史上的名将如王鑫、左宗棠、李鸿章、李续宾、李元度、曾国荃、胡林翼等，层出不穷，都被他选拔出来，得到重用。最后，就是这五万湘军击败二十万太平军。

做到量才用人，才能最大效率地发挥人才的作用，则大事可成。

原文

大约选将以打仗坚忍为第一义，而说话直有条理，利心不可太浓，两者亦第二义也。(《曾文正公全集》)

译文

大约在挑选将领时，首先要看他们打仗是否坚忍，这是第一个要义。而说话有条理，没有太浓厚的利欲心，这两者是第二个要义。

解读

官场、商场亦如战场，选将和选才其实都是同一个道理，选将需要选择能带好兵，能打仗的，选才也一样，要选择能管理团队，能办事的人。

打仗坚忍与否是曾国藩考察将领的第一个要义，同样它也可以作为考察人才的要义。坚忍的人才耐得住清苦，才能处理各种纷繁芜杂的事情，才能不惧困难和挑战，而那些不懂得坚忍的人，则往往贪图安逸，不愿意到艰苦的环境中去，而且也容易被困难所吓倒，这样的人用之也无益。

再有就是说话要有条理。庖丁解牛在外行人看来，这样复杂的一头牛，庖丁很快就能解得很清楚、很利索，因为庖丁找到了诀窍。我们做任何事情都是这样，每天用得着的不能太多，两句话就够了。总之，把很多复杂的事情变为简单，这就是“有条理”。

另外就是没有浓厚的利欲心，利欲心浓厚的人都是自私之人，凡事总会考虑自己，而不是首先去考虑公事，他们不把自己应有的职责放在心上，有时甚至会为了一己私利损害团队的利益，所以对于这样的人也应该谨慎。

案例

文臣不爱钱，武臣不惜死

在中国历史上，岳飞可以说是中国古代将帅中廉洁奉公，为人师表的楷模。他从严治军，严以律己。岳飞就曾提出过国泰民安的口号："文臣不爱钱，武臣不惜死，天下太平矣。"

岳飞身体力行，严守一不贪财，二不爱色，三不娶妾，四是山河未复滴酒不进的"四不"规定。他个人的日常生活非常清苦。他一般是主食加一个菜。有一次，岳飞吃到一种名叫"酸馅"的食品，觉得味道不错，尝了几个以后，就叫随从收起来留到下顿再吃，以免浪费。

岳飞在16岁的时候娶了一位刘姓夫人，但是他一直出征在外，家乡沦陷后，生活无着，只能转嫁。南渡以后，岳飞的部属同事们出于对岳飞这位主帅的尊敬，出钱买了一个年轻美貌的士族女子，送给他做姬妾。岳飞未曾见面就婉言谢绝了。

有一次，宋高宗曾经为他造一座住宅，岳飞推辞了，他说："敌人还没消灭，哪里顾得上家呢？"有人问他说天下什么时候能够太平，岳飞回答说："文官不贪财，武将不怕死，天下才有太平的希望。"

岳飞对于士兵的要求也非常高，在部队休整的时候，他也带将士穿着铁甲冲山坡，跳壕沟，要求像打仗时一样严格。在岳家军里，军纪特别严。一次，有个士兵擅自用百姓一束麻来缚柴草，被岳飞发现，立刻按军法严办。岳家军行军经过村子，夜里都露宿在路旁。老百姓请他们进屋，没有人肯进去。岳家军中有一个口号，叫做："冻死不拆屋，饿死不掳掠。"

岳飞对待将士又关心爱护。当士兵生病时，他常常亲自替他们调药；部下将领出征的时候，他就叫妻子岳夫人慰问他们的家属；将士在战争中阵亡，就抚育他们的子女；上级赏给他的财物，一概分配给将士，自己家里丝毫不留。

岳飞就是这样，坚守自己的原则，甘于清苦，打仗坚忍，同时天下为公，没有私心，淡泊名利，这样的将军，就是大将之才，出能统御三军，敢打仗，仗必胜；退能安民，能治理地方，管一片太平天地。

原文

不轻进人，即异日不轻退人之本，不妄亲人，即异日不妄疏人之本。(《曾文正公全集》)

译文

不轻易地任用一个人，以此作为日后不轻易地辞退一个人的根本。不随便地亲近一个人，以此作为日后不随便疏远一个人的根本。

解读

领导者不要轻易地招聘人，也不要轻易地提拔人，那样极有可能导致今后轻易解聘人，轻易地贬斥人。

现在有的管理者奉行残酷的人才竞争机制，轻易招人，又轻易解聘人。结果使得被解聘的人心怀怨恨，他日可能走向自己的敌对行列；被留下的心存侥幸，认为成功是靠自己的实力，而不是公司的培养，于是各人打各人的小算盘。走的心怀怨恨，留下的不心存感激，最终也会伤害到自身的人力资源库。

因此，管理者在用人方面要学会保持“疏疏落落”的固有态势。这不是无情，而是跟用人上的“轻”与“妄”相区别，是一种谨慎和稳重，也是一种长远目光。不轻易用人，一旦用人，就要考虑用在点子上，尤其是要考虑进行长期培养，于人于己，都有长远规划，都负责任到底。不轻易用，则不轻易弃；不轻易密，则不轻易疏；不轻易浓，则不轻易淡。

案例

自毁长城与文侯烧信

对于一个领导来说，一旦任命了大将，就要用人不疑，不要轻易临阵换将，在战国后期，赵国是第二军事强国，但是也被秦国灭亡，其中有一个重要的原因就是“用人不信，自毁长城”。

当时秦国兵临城下，赵王任命大将廉颇出战，连败两战，于是坚守不出，任秦军叫骂，就是不理会。

廉颇不出兵，赵王着急了，就派人去督战，廉颇就觉得“将在外，君命有所不受”，就是坚持原则不出兵，秦国也拿他没辙，但是粮草消耗很快，得速战速决才行，于是秦国的宰相范雎使用离间计，派人到赵国散布流言说“秦国最怕的人就是马服君的儿子赵括”。赵王听了，命赵括去代替廉颇，以实现他击败秦军的战略意图。

赵王任命赵括为将前，曾问赵括有没有信心打败秦军，赵括想了一阵后回答:“秦国除了用白起为将，我需费点心思对付，其余的秦将全不在我的话下”。

秦王得知赵括为将，于是加派军队，秘密调来白起为主将，严令军中:“有敢泄露武安君为将者斩”。

公元前 260 年 7 月，赵括率援军来到长平，接替。他到长平后，积极贯彻执行赵王的战略意图，准备大举进攻，企图一举击败秦军，以报赵王的知遇之恩。

为了全歼赵军，白起制定了后退大包围的作战计划。八月，赵括果然向秦军发动了大规模的出击，结果被秦军引诱进了布置好的口袋阵里，最后全部被歼灭，赵括战死，赵国从此衰落。

战国初年，魏文侯派大将乐羊讨伐中山国，当时乐羊之子乐舒刚好在中山国做官。两军交战，中山国想利用乐舒来迫使魏国退兵，但是乐羊不为所动。

由于中山国的国君残暴无道，不得民心，乐羊为了收服中山国的民心，一直围而不攻。过了几个月，副将西门豹急了，问乐羊这是干什么，为什么不攻城，乐羊把收服中山国民心的计划告诉他，西门豹这才放心。

消息传到魏国，一些谗臣纷纷到魏文侯那儿状告乐羊以私损公。魏文侯没有理会，还安排人前去前线犒劳军队，还给乐羊修建新宅。乐羊围城多日，等时机一成熟，一举破城。

灭了中山国，等他班师回朝之后，魏文侯大摆庆功宴，等众人离席后，魏文侯留住乐羊，搬来一个大箱子，要他看看，里面装满了揭发乐羊围城不攻，以私损公的奏章。

乐羊激动地对魏文侯讲："如果没有大王的明察和气度，我乐羊早为刀下之鬼了。"

赵王"用人不信，自毁长城"，魏王"用人不疑"大获全胜，这些历史事件生动地表明，用人不疑是多么重要。

原文

择友乃人生第一要义。一生之成败，皆关乎朋友贤否，不可不慎也。（《曾文正公全集》）

译文

选择朋友是人生最关键的一件事情。一个人一生是成功还是失败，跟他所结交的朋友才华是否出众，品性是否优良紧密相关，因此，我们选择朋友不能不谨慎啊。

解读

人之所以成功，自然有他的气度和品质。看一个人的气度好坏，就好比鉴别东西的品质好坏，从外形上可看出一些，从人的言谈举止中又可看出一些，只是需要我们有一双慧眼和心思罢了。

“听其言而观其行”，是我们鉴别一个人最简易有效的方法，但也不是万无一失的，当一个人带着目的来接近你时，就会把原来的面目隐藏，让你一时之间无法看清他的真实想法。

所以，跟人交往时，一定要有耐心，要细细地观察，经过一番考验之后，才能定夺这个人是不是值得跟他交往，能不能把重要的事情托付于他。

案例

淳于举荐与林冲被害

选择朋友真的是人生一件重要的事情，一生之成败，和身边的朋友有很大的关系，贤能的人身边一般也会聚集着贤能之士，所以与人交往，一定要耐心观察，看看他的身边都是什么样的人，就能对他有个大概的了解了。

战国时期的齐宣王喜欢招贤纳士，于是让淳于举荐人才。淳于在一天之内就给齐王推荐了七位贤能之士。

当时齐宣王感到很惊讶，就跟他说："寡人听说，要得到一个真正的人才是非常难的，假如一千年之内能找到一位贤人，那贤人就多得像肩并肩站着一样；如果一百年能出现一位圣人，那圣人就像脚尖挨着脚跟来到一样，现在，你一天之内就找来了七位贤士，那贤士是不是太多了？"

只见淳于不慌不忙地回答说："您不能这样说。您要知道，同类的鸟儿喜欢聚在一起飞翔，同类的野兽喜欢聚在一起行动。假如人们要寻找柴胡、桔梗这类药材，去水泽洼地肯定是找不到的，假如去梁文山的背面，那就可以成车地运走，因为天下同类的事物，总是相聚在一起的。我淳于也可以说算个贤士，所以让我举荐贤士，就易如反掌啊！"

而被逼上梁山的林冲遭遇的一些灾难，都是他的发小所为，一直被林冲视为好友的陆谦在高衙内看上林冲的老婆后，他为了得到高衙内的青睐，约林冲外出，好让高衙内霸占林冲的老婆，后来又陷害林冲持刀闯入白虎节堂，诬告他打算刺杀高俅，被发配沧州。

等林冲获罪后，陆谦又安排两个人在野猪林结果林冲。幸好被鲁智深救下，到了沧州之后。陆谦还是紧追不放，亲自跑到沧州，火烧草料场，这条计策很毒，"林冲即便逃得性命，烧了大军草料场，也得是个死罪"。

可是老天有眼，林冲事先离开了草场逃了一命。林冲还发现了陆谦的同伙差拨富安，明白了陆谦的奸计，终于将他正法，保全性命。

临死之前，这个小人陆谦还说："不干小人事，太尉差遣，不敢不来。"林冲骂道："奸贼，我与你自幼相交，今日倒来害我，怎不干你事？且吃我一刀！"

中国历史上的君子与小人斗法，多是小人赢而君子败，其中关键之处是君子之道昭然于天下，小人的思维和逻辑，君子却不懂。

林冲就是交友不慎，差点丧命。与人推心置腹交往之前，还是需要好好地思量一番，看是不是值得交往。

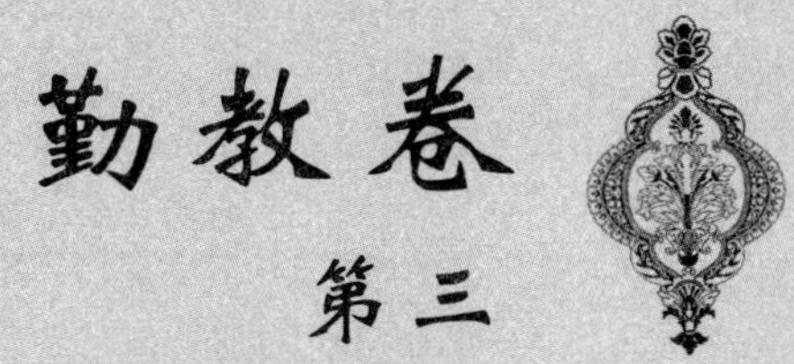

勤教卷

第三

原文

今日所当讲求者，惟在用人。人才有转移之道，有培养之方，有考察之法。人才以陶冶而成，不可眼孔太高，动谓无人可用。(《曾文正公全集》)

译文

今天应当讲究的尤其是在用人方面。培养人才有潜移默化的方法，有培养的途径，也有考察的方法。人才是锻炼出来的，不要眼光太高，动辄就说没有可用的人才。

解读

有很多领导者抱怨手下无人可用，其实这是非常错误的。一个成功的领导人，不但要懂得发现人才，培养人才，还要能懂得培养人才。有很多人才不是拿来就可以用的，还需要经过领导人的磨炼和培养才能成大器。

所以用人不要眼光太高，不要对那些经验不足的“未来人才”视而不见，毕竟有很多人才往往后劲不足，到了关键时期就派不上用场了。而那些通过锻炼培养出来的人才，却能在这种时候起到关键的作用。

对于自己认定的可造之材，领导人也要多加开导劝诫，不要因为他们犯了一点错误就放弃，要有耐心，要给他们指明一条正确的道路，一个正确的方向。

案例

李卫当官

用常人的眼光来看，在清朝一个花钱捐了一个小官的人能不能做到直隶总督，很多的回答肯定是不可能，但是如果这个人真的有真才实学，又遇到会用人的明君的话，那生逢其世，恰逢贵人，也未尝不是人生一大幸事。

很多领导者喜欢抱怨说无人可用，其实有时候人才就在他的身边，只是他看不到人才的潜质，发现人才、培养人才可不是简简单单的事情。而雍正皇帝就是培养“未来人才”的高手。

李卫出生于江苏徐州一个比较富有的家庭，家里给他出钱捐了个监生资格，由于李卫的官是捐来的，没有读书参加科举考试，所以大字不识几个。但是他为人非常机灵，聪慧过人，他手下的师爷等人起草公文奏章，都要读给他听，他觉得不合意的地方，就直接口述进行修改，但是每次都能切中问题要害，所以大家对他佩服得五体投地，李卫的过人机智由此可见一斑。

李卫这样非科举出身的人为什么能够在雍正王朝得到重用呢，主要还是取决于雍正的选材标准。在康熙晚年的时候，选择官员最注重的就是官员的操守，而办事能力倒是其次，所以搞得四处都是清官，但是这些清官只顾清廉的虚名，做不了什么实事，反而弄出很多弊政。

而李卫不同，他不畏权贵，能办实事，当时他在户部做一个小官的时候，就表现出了那种不畏权贵的刚直，让还是亲王的胤禛刮目相看。当时分管户部的一位亲王每收钱粮一千两，都要额外加收十两作为库平银。李卫坚决不同意，但是那个亲王的手下照收不误，于是李卫在走廊上置一柜，写着“某王赢余”，这样使这位亲王十分难堪，只好停止多收。雍正就是十分看重李卫这“勇敢任事”的优点，打算好好地培养他，于是相继任命李卫为云南道盐驿道，布政使掌管朝廷重要税源的盐务。

等雍正上台之后，常常跟李卫说，这些清官就好像是“木偶”一样，摆在那儿中看不中用，对社稷民生没有一点用处。因此，雍正用人，首先在才干，至于什么资格或者科举出身之类，都是其次的。李卫因其聪慧机智，不畏权贵，勇于任事，政绩显著，迅速成为雍正在地方推行新政的得力干将，与田文镜、鄂尔泰并称三大名抚。李卫因才脱颖而出，成为雍正朝的能臣。

人才是锻炼出来的，只要发现是可造之材，就要加以培养，提拔，给他一个正确的方向，自然会成长为可用之材。

原文

今日所当讲求者，惟在用人一端耳。方今人才不乏，欲作育而激扬之，端赖我皇上之妙用。(《曾文正公全集》)

译文

当今之世所要讲究的，只在于选人用人这一个方面。现在天下不缺乏人才，而想要培育人才激扬奋发，对国家有所作为，能为国家所用，最重要的是皇上能不能“妙用”人才。

解读

人才的可持续发展和终生教育是时代发展的必然要求。对于一个单位或企业来说，不是把人才吸引过来就行的，还要注意对人才的培养，不坚持学习，不坚持人才的可持续发展战略，最终将被时代所淘汰，所谓的人才也将成为庸才。

纳才是前提，育才才是关键。只有人才是不够的，培养好人才为自己所用，这样才能发挥其最大的效用。

领导者如果确信人类的本质是愈磨愈亮，就会尽力地去培育人才。也由于有这样的信念，才能彻底去锻炼员工，才能使员工不断进步，从而推动企业不断前进。

案例

雍正的用人之道

那些杰出的领导者，在用人方面都有独特之处。作为康乾盛世的承前启后者，雍正皇帝是功不可没的，而他能取得这么好的成就，离不开它知人善用的用人之道，雍正根据每个人的特点加以任用，使其能发挥出最大的作用，从他对惠士奇的任用上就可以看出来。

惠士奇当时才华出众，写字读书的时候，非常刻苦，对《九经》经文、《国语》、《战国策》、《楚辞》、《史记》、《汉书》、《三国志》倒背如流，后来在康熙朝中了进士，授翰林院编修一职。

过了几年，康熙皇帝让他去广东主持全省的文教科考工作。而处在这个职位上的官员都很容易腐败，因为当时的科举考试风气不正，徇私舞弊的现象非常普遍，所以这个职位就成了受贿的重灾区。但是惠士奇刚直不阿，一心为公，对于贪污腐败严惩不贷，从不谋私利，成了一名一文不取的著名清官。

当时的两广总督杨琳对他也非常欣赏，上奏雍正皇帝说，我去了这么多的省份，只有这个人是我见过最有节操的官员了。雍正看到这份奏章之后，非常高兴，觉得这种德才兼备的人才实在难得，应该予以重任，担任更重要的行政官职。作为权力最大的皇帝，一旦拿了主意，那直接下一道任命诏书就可以了啊。但雍正还是非常谨慎，他决定先了解一番，于是向杨琳进一步了解惠士奇这个人，问他："你觉得惠士奇这个人搞吏治怎么样？"杨琳如实地向雍正回奏道："惠士奇学问做得不错，臣也对他了解了三年，所以才敢跟皇上奏报。但惠士奇这个人从未做过管理百姓的官员，依照臣与他共事三年的情形来看，他应该擅长做学问，搞行政工作可能不是他的长处啊。"雍正听到之后，觉得还是让他继续做行政工作，后来又将他调回京师，但是也没有让他做行政工作，而是让他继续做他擅长的事情，做了专管文史方面的翰林院侍讲学士，后来又担任了侍读学士。惠士奇也在这个岗位上做出了不少好的成绩。

很多领导者对于人才的考察不是很具体，觉得他是才能之士，那么就能处处担任要职，殊不知，有些人适合做行政，有些人适合做学问，雍正就是没有匆忙做决定，而是向下属做进一步的了解，只有了解清楚之后，才能妙用人才，让其发挥出了重要作用。

原文

称许不绝于口，揄扬不停于笔，人谁不欣欣向荣！（《曾文正公全集》）

译文

口头上不绝于口地称赞夸奖别人，不停下笔来去在纸上赞扬别人，别人受到这样的鼓励，怎么能不欣欣向荣呢。

解读

要想别人认可自己，自己首先要认可别人。要想让下属为自己创造更多的利润，最好的办法就是让他觉得自己也是一个主人。要想获得成功，就要懂得怎么去把别人的力量当作自己的力量，让别人为自己服务。

“用则不疑，疑则不用”，领导者在自己无法一个人掌控大局，照顾好各个方面的时候，就要善于放权用人，韩非子说：“下君尽己之能，中君尽人之力，上君尽人之智。”领导者敢于放权并善于放权，既是一个管理者成熟的表现，又是一个管理者取得成就的基础和条件。

企业发展到了一定规模后，领导者就应分权授权给其他贤能之士，建立团队管理和现代企业制度。不然，领导者如果太能了，独任己而眼中无贤，就没有可用之人了。杰克·韦尔奇说“管得越少，成效越好”，这是一种境界。

同时，领导者也要鼓励下属超越自己，不仅在言语上支持，也要真正见诸行动，这样才能赢得别人的尊重，有利于事业做强做大。

案例

孙权重用诸葛瑾

东汉末年，天下大乱，诸葛亮和兄弟诸葛瑾在隆中躬耕陇亩，但是诸葛亮受到刘备“三顾茅庐”的邀请，终于出山为其所用；他哥哥诸葛瑾，去江东避乱，经过鲁肃推荐，为东吴效力。诸葛瑾胸怀宽广，温厚诚信，得到孙权的深深信赖，受到礼遇。刚开始做长史，后来成为南郡的太守，再后来做了大将军，领豫州牧。

当诸葛瑾平步青云，得到孙权的重用时，东吴的很多人开始嫉妒起来，在他的背后说他的坏话，说他明保东吴，暗通刘备，是他的弟弟诸葛亮派来的卧底奸细。当时这种谣言一起，马上就满城风雨。孙吴名将陆逊是一个明辨是非的人，他听到这样的谣言之后，感到很震惊，马上上表保奏，说诸葛瑾是一个心胸坦荡，忠心事吴之人，没有什么不忠之事，还恳请孙权不要听信谗言，应该消除对他的疑虑，继续重用。

孙权看到奏折之后，把陆逊叫过来，跟他说：“子瑜和我共事这么多年，情同手足，我们相互之间了解得都十分透彻。对于他的为人，我是很清楚的，那些不合道义的事他不会做，那些不合道义的话他也不会说。当时刘备派诸葛亮来东吴出访的时候，我就曾对子瑜说过：‘你和孔明是亲兄弟，做弟弟的应该听从兄长的，这是自古以来的道理，你为何不把他留下来，他听从你的意思，我也给刘备写信，我想刘备会答应的。’当时子瑜是这样跟我说的：‘诸葛亮已投靠刘备，就应该效忠刘备；就好像我在您的手下做事，就应该效忠于您。这是忠君之道，不可三心二意。诸葛亮不会留在东吴，就如同我不会去蜀汉，这是一个道理。’这些话，足以看出他的高贵品格，所以外边的那些谣言，我是不会理会的，我相信子瑜不会负我，我也不会负子瑜”。

接着，孙权拿出一沓奏章，跟陆逊说：“前不久，我收到了一堆文辞虚妄的奏章，于是当着那些人的面，将奏章封起来派人交给子瑜，还给他写了一封亲笔信，我很快就得到了他的回信。他的信中跟我论述了天下君臣之间的名分道理，让我非常感动。可以说，我和子瑜已经情投意合，是相知有素的朋友，外面那些流言蜚语对我们没用。我知道你和他也是好朋友，也对我忠心不二。现在，我就将你的奏表封好，交给子瑜去看，也好让他知道你的一片良苦用心。

孙权就通过这一番谈话和做法，收服了诸葛瑾和陆逊的心，对于所用之人，要不猜疑，要认可他的忠心，认可他的能力。在语言和行为上鼓励他，这样才能将事业做大做强。

原文

办大事者，以多选替手为第一义。满意之选不可得，故且取其次，以待徐徐教育可也。(《曾文正公全集》)

译文

办大事的人以多选接替人手为第一要义。满意的人选不到，可以姑且选其次，以待慢慢地教育培养。

解读

替手就是能够替代自己的人才，这种人可以选作接班人，也可以部分替代自己，可以去单独管理一个部门。管理者都有很多事务在身，一个人肯定是办不完的，那他就需要知道用什么人来完成这些工作，也就是要多选替手。

但是替手并不是想选就能选得到的，也不是一下就能选到最合适的人的。如果满意的人选选不到，可以先挑选一些次一点的人物，然后再慢慢地培养，使之达到成为替手的条件。

也就是用人者要重视对人才的培养，根据他们的特点，为他们搭建起有利于成长的工作和学习平台，将他们培养出来，并用诚意留住他们，合适的替手也就找到了。

案例

诸葛亮的接班人——蒋琬

事业要想长久，那就需要一代又一代的人去前仆后继地发展，一个办大事的人一定是一个善于培养人，寻找合适的接班人的人。

蜀汉建兴十二年八月，一代贤相诸葛亮因积劳成疾，溘然长逝于五丈原军中。这对于当时的蜀汉政权来说，如同失去擎天栋梁。

这时，举国哀悼，人心惶惶。面对强大的曹魏，蜀汉又处于“危急存亡之秋”。那么，谁能继承诸葛亮，维持蜀汉政局？

其实，在很早以前，诸葛亮就已经选定了接班人，那就是蒋琬。蒋琬在早年就深受诸葛亮赏识，被誉为“社稷之器”。

有一次，刘备借外出游览的机会，来到了广都，看到蒋琬没有把公务处理好，还喝得酩酊大醉，不禁勃然大怒，要治蒋琬的罪。当时诸葛亮求情道：“蒋琬，是社稷之器，非百里之才也。其为政以安民为本，不以修饰为先，愿主公重加察之。”当时诸葛亮可以说是慧眼识人，又非常赏识蒋琬的品格，称赞他勤政务实，把“安民”作为执政的根本，不搞花架子，不做表面文章。刘备历来敬重诸葛亮，于是没有治蒋琬的罪。

当诸葛亮去世后，蒋琬任尚书令，不久又升迁为大将军，加为大司马。危难之际，蒋琬不辱使命，总揽全局，指挥得当，局面很快就稳定下来。

但是也有不少的人在他的背后指指点点，督农杨敏就不加掩饰地说蒋琬糊涂昏庸，不是好官，无法当此大任，这样的指责多丢蒋琬面子，多伤蒋琬的心，但是他没有火冒三丈，没有暴跳如雷，而是平心静气地反躬自问，把自己与诸葛亮相比，感到自己确实不如前辈。不能因为这样一句话而治杨敏的罪，因为那不够妥当，难服人心，就不计较了。

蒋琬就是这样能原谅人、宽恕人，是出于公心和责任感。他深知大将军担子有多重，责任有多大。他以诸葛亮为榜样，鞠躬尽瘁，挑起治理国家的这副重担。

他执掌国政后，坚持“以安民为本”的执政理念，发展经济，调整战略，安定民生，协调君臣，维护了蜀汉的稳定，做到“边境无虞，邦家和一”，堪称继诸葛亮的一代贤相。

就是因为诸葛亮的慧眼识珠，才换来了蜀汉在他身后还稳定了几十年，选择一个好的接班人，才能让自己的事业延续下去。

原文

默观天下大局，万难挽回，侍与公之力所能勉者，引用一班正人，培养几个好官，以为种子。(《曾文正公全集》)

译文

静观天下大局，这种不平的事很难挽回，而我们所能够勉力去办的，就是尽量重用一些正人君子，培养几个好官，作为变革时事的种子力量。

解读

曾国藩认为人才是国家的根本，关系着国家的兴衰，要挽救晚清王朝的统治危机，选拔、培养人才就是一个重要的手段。

世上的一切事情都是人干出来的，没有人，应付危机就成了空谈。因此古人说："能当一人而天下取，失当一人而社稷危。"

国家如此，管理企业也是一样，也需要管理者在平时就注意选拔和培养人才，储备人才，这样在遇到事时才会有人挺身而出，化解危机。

管理者要懂得按正确的方向来培养下属，这能帮助他们成长并成为更高大和更丰富的人，而且它也决定着管理者本人是否得到发展，是成长还是萎缩，是更丰富还是更贫乏，是进步还是退步。

案例

惜才如宝的威王与康熙唯才是举

在很多的领导者心中，其实没有将人才放在正确的位置，而是叶公好龙一般地叫唤几声，这样怎么能得到真正的人才前来效力呢？一个团队乃至一个国家的兴旺，肯定离不开一班子人才的培养。

那么，在你心中，是人才重要，还是钱财更重要呢？

在战国时期，有一次齐威王与魏惠王在郊外打猎。惠王问道："你们齐国有什么稀世珍宝吗？"

威王想了一下说："没有。"

惠王说："我们魏国的领土面积当然无法与贵国相比，但是我们也有不少的珠宝。我们有十颗夜明珠，每一颗的直径有一寸以上，光辉夺目，可以将附近十多辆车子的珠宝都照亮。难道你们一个这么大的齐国没有什么宝贝？"

威王说："关于这个珍宝，世人是仁者见仁，智者见智。我和您不一样，我觉得人才才是我们国家最重要的宝贝。我的大臣檀子，镇守着南城，让楚国不敢发兵东犯，泗水十二侗诸侯国岁岁来朝。我的大臣盼子，镇守着西部高唐，使赵国不敢东进到黄河。大将黔夫，镇守徐州，无敌可犯，燕国北门祭拜、赵国西门求安，请求我们批准迁齐的更有七千余家。还有大将锺首，主持治安，防备盗匪，齐境路不拾遗。我们齐国的这四位贤臣，光辉可照千里，可不仅仅是照亮几辆车子啊！"

惠王听完后，顿时面红耳赤，无言以对。

一个王国要稳定，如果没有几个人才来辅佐的话，那如何安定，真正懂得治国的君主，都会把人才当作第一要素。

清朝的一代明君康熙提出了"江山是天下人的江山，单靠满人是无法坐稳的"这一个认识。于是在康熙时代，康熙开始重用汉人周培公，在收复台湾时把汉人姚启生从喂马的地方提升到福建总督的位置上，负责收复台湾。就是因为将人才视为国之基石，那治理天下就要得天下之才。

千金终会散尽，而人才才是永得的。人才与珠宝相比，哪一个更宝贵？珠宝虽然光彩炫目，但也只能做一时的炫耀，而人才才能助你治国齐家平天下。成大事者就要明白人才是金不换的，要珍惜人才，莫让自己后悔。

原文

臣昔于诸将来谒，无不立时接见，谆谆训诲，上劝忠勤以报国，下戒骚扰以保民，别后则寄书肯诫，颇有师弟督课之象。其于银米于药搬运远近，亦必计算时日，妥为代谋，从不诳以虚语。各将士谅其苦衷，颇有家人父子之情。(《曾文正公全集》)

译文

臣（我）以前在接受诸将的谒见时，没有不立马前往接见的，接见之时，总会对他们谆谆训导，上劝他们精忠勤勉报效国家，下劝他们不要骚扰地方，保护人民，告别之后也经常寄予书信提点告诫，很有点像师弟督察考核的样子。其他如搬运银钱粮食药品的远近，我也必然计算好时日，为他们好好谋划，从不对他们说虚妄的话。各个将士也能体谅我的苦衷，很有点像一家人的情份一样。

解读

曾国藩极为重视对于下属的教诲，对他们如何做事，如何做人总是谆谆嘱咐，既有鼓励，也有鞭策和告诫，对于一些亲近幕僚的训诫更是不胜枚举，而也正因为此，曾国藩的幕僚或将才之中才很少有人会出差错，这与曾国藩的勤教是分不开的。

领导者都应以自身为榜样，首先注重自己的道德修养建设，这样教导下属时才有法可依，有章可循，如果自己不以身作则，那即便你如何教育下属，也必然不会让人信服。

再者，要不失时机地对下属进行教育，教育是多方面的，品德、才能、学识都在其中，只有要合适的机会，领导就应谆谆告诫他们，力求每一个人都行得正、坐得端，并能为组织发挥出最大的热量。教育不要总是走形式，在日常的会面中对下属进行教育，不仅非常有趣，而且收效巨大。

案例

大名鼎鼎的“杨震四知”

一个领导者，相当于是整个团队的灵魂，他的言行、品德、才能、学识深深影响着整个团队的成员，通过以身作则的榜样力量来影响下属，通过谆谆告诫来规范下属的行为。

东汉的名臣杨震通晓经术，博览群书，一直等到皇帝的重用，为朝廷举荐贤才，有一次，他由荆州刺史调任东莱太守，在赴任途中，经过昌邑。当时的昌邑县令王密曾经是他在任荆州刺史时举荐的人，后来被提拔起来做了县令，他听说自己的恩公杨震途经本地，为了报答杨震的知遇之恩，赶紧准备了十斤黄金，前去拜见杨震，在白天两人见面寒暄之后，他在深夜又趁着静夜无人之机，带着仆人将黄金送到了杨震下榻的驿站。当时杨震不但不接受，还狠狠地把王密批评了一顿，跟他说：“我们俩是故交，关系也比较密切，我很了解你的为人，所以当时才举荐你做了官，但是我没想到，你一点也不了解我的为人，你这样做，是为了什么呢？”

王密说：“恩公，您息怒，如今是深夜，四下无人，没人知道的。”杨震大声呵斥道：“你怎么这么糊涂啊！天知、地知、我知、你知，怎能说无人知道呢？”听到这样的谴责之后，王密感到非常惭愧，只好作罢，带着仆人灰溜溜地回去了，杨震这一件“暮夜却金”的事慢慢地传开了，影响很大，后人因此称杨震为“四知先生”。

杨震做官，一直坚持清正廉洁，从不谋取私利，对身边的人要求很高，对家人的要求更加严格。他在任涿郡太守期间，从不吃请受贿，也不因私事求人、请人托人，请客送礼的事从来不干。他的子孙们与平民百姓一样，蔬食步行，生活十分简朴。当他年老的时候，他的一些亲朋好友劝他为子孙后代置办些产业，杨震听后非常不悦，不肯那样做，他跟亲戚们说：“让后世人都称他们为“清白吏”的子孙，这样的名声，难道不是更加好吗？”这样，他的亲戚朋友都被他的精神影响，做踏踏实实的清白人。

杨震的廉洁品德与高尚情操就这样影响着自己的手下及家人，通过自己的言行举止来影响着身边的人，让人钦佩与信服，这样的领导者才更有说服力。

原文

人之气质，由于天生，本难改变，惟读书则可变化气质。(《曾文正公全集》)

译文

人的气质是先天生成的，所以很难改变，但是通过读书却可以改变。

解读

曾国藩在教育下属时总是希望他们能够多读书，因为读书可以改变一个人的气质。一个饱读诗书，知识丰富的人与一个不看书的人站在一起比较，差异往往立马就会显现出来，无论从行为举止、仪态仪表、谈吐还是风度上，多读书的人都会更胜一筹。这就是气质的不同。

因此，我们能从一个人是否经常读书来判断他的内涵深浅，考虑可不可以与他交往。至于在管理上，则可教育下属多读有用之书，以慢慢改变他们的气质，让其更富内涵。

不管在什么时候，读书都能让一个人的气质得到升华。一个喜欢读书的人肯定比不读书的人更加受到人们的欢迎，他们往往也能在必要的时候给出中肯的意见，这样的人当然是有一定才能的人，值得交往和任用。

案例

刮目相看

一个人的气质基本是天生的，但是后天经过一番学习之后，能够对气质进行一个打磨提升，作为一个管理者，更应该明白这个道理，可以通过读书来培养自己的气质，也能勉励下属，通过学习来提升下属的气质。这样才能更好地培养人才。

三国时期，吕蒙是吴国有名的大将军，但是他小时候家里很穷，没有办法让他念书，所以他早早地进入行伍之间，因为他打仗勇猛，不断地得到升迁，被孙权重用，成为了大将军，但是没有文化的他还是常常被人笑说只不过是会打仗而已，其实也没多了不起。就是这句玩笑话，让他一直非常生气。

后来孙权也听到了这句话，说吴下阿蒙没文化。于是他把吕蒙叫过来，很认真地跟他讲："你如今已经是吴国的大将军，身居要职，掌管着军国大事，拥有很高的权力，如果只有一身武功是不够的，应该多读点书，让自己进步。"一开始，吕蒙推托说："我在军营中常常要忙军务，恐怕没有时间去读书了。"但是孙权没有理会，而是慢慢地开导他："我可不是叫你去钻研学问，成为一个大学士，而仅仅是要你去看点书，了解一下历史，增加一点见识，你说你的事务繁忙，能比我多吗？我年轻的时候就读了《诗经》、《尚书》、《礼记》、《左传》、《国语》，执政以后，我也每日看看《史记》、《汉书》、《东观汉记》，还会看看各家的兵法，觉得自己的收获还是不少的。像你这个人，天资聪颖，又有悟性，只要肯读书，进步一定会很大的。你可以先看看《孙子》、《六韬》、《左传》、《国语》。孙子就曾说过：'整天不吃、整夜不睡地空想，没有好处，还不如去学习。'东汉的光武帝在指挥战争的同时，也是手不释卷的。曹操也一直说他老而好学。那么你为什么偏偏不能勉励自己呢？"听过这番话之后，吕蒙非常触动，于是下定决心去读书，奋发图强，他所看过的书籍，连那些老儒生也赶不上。

鲁肃感叹道："我一直以为你只有武略，没想到如今一见，发现你还学识出众。"吕蒙跟他说："士别三日，当刮目相看。我才识不如公瑾，却与关羽为邻，不学习不行啊。关羽如今年老还是好学不倦，每日读《左传》朗朗上口。"

就是经孙权劝学后，学识增长，吕蒙整个人都脱胎换骨一般，最后白衣渡江智胜关羽而名扬天下。

严绳卷

第四

原文

方今天下大乱，人怀苟且之心，出范围之外，无过而问焉者。吾辈当立准绳，自为守之，并约同志共守之，无使吾心之贼，破吾心之墙子。(《曾文正公全集》)

译文

当今天下大乱，人人都怀有得过且过的心理，事不关己，则不予过问。我们应当立个标准，自己遵守，并且联合志同道合的人共同遵守，千万不要让心中不好的想法，破坏了心中的堤坝。

解读

管理者用人，必得建立严格的规章制度并坚决予以执行，使人“循循于规矩之中”不可。这样的准绳不但是行为准则而且是一个团队的核心价值观，只有有了这样的核心价值观才能凝聚人心、步调一致，才会向内形成向心力，向外形成张力。

严明的纪律来源于严明的执行，对违反纪律的现象领导者不能听之任之，视而不见。领导者应该处事公允，对所有人都一视同仁，不带任何偏见。

“严”还有赏罚分明的意思，有功必赏，有过必罚，铁面无私。不如此则领导没有权威，没有权威就没有效率。

当然，在现代领导活动中，领导者还要善于从实行科学的严格管理，向感情管理、重在激励的人本管理过渡，注意二者的结合。另外，我们现在讲

“严”，还应当包含领导干部要严格要求自己，以身作则，这样才能树立威信，民众和下属也才能心服口服。

案例

孙武练兵斩美姬

对于一个团队而言，如果没有一个严谨的规则约束的话，那么这个团队肯定是松散的，不堪一击，只有严明的纪律，才能锻炼出一只强大的队伍。所以，一个管理者必须赏罚分明，铁面无私地执行纪律。

战国时期，有一次，孙武经过伍子胥的推荐，来到吴国觐见吴王，希望将自己刚写成的《孙子兵法》十三篇展示给吴王看看。吴王看过之后，连连称道，但是他又觉得，兵法写得就算是再好，也终究不是实战，那是否适合于战争的实用呢？他想让孙子证明一下，他不仅仅能写兵法，还不是一个纸上谈兵的人。于是，他想试验一下，便有心为难他，他叫来一大群宫女，把她们交给孙子，希望他能来一个小规模的演练。

吴王将宫中 180 名美女全部召到宫后的练兵场上，交给孙武去演练。孙武把这 180 名宫女分为左右两队，指定吴王最宠爱的两位美姬作为左右统领，让她们分别带领宫女操练，还指派自己的随从作为军吏，负责执行军法。

分派之后，孙武站在指挥台上，跟台下的宫女们讲清楚操练的规则。他问道：“你们应该都清楚自己的前心、后背和分清左右吧？向前，就是目视前方；向左，看自己的左手；向右，看自己的右手；向后，看向背后。所有的行动，都根据鼓声来进行号令。都明白了吗？”宫女们回答：“明白了。”

安排就绪之后，孙武就击鼓发令，但是不管孙武如何讲军法纪律，这些宫女口中应答，但是内心却觉得这很好玩，她们没有根据号令进行，反而哈哈大笑，队形散乱无章。孙武于是召集军吏，要他们根据兵法，将两位队长斩首。

这时坐在看台上的吴王心急起来，他看到孙武要将爱姬斩首，赶紧派人传命说：“寡人已知道将军的兵法了，如果没有这两个美人侍候，寡人就是吃饭也没胃口呀，还望将军赦免。”孙武没有给他情面地说：“臣既然已经受命为将，那么将在外，君命有所不受。”孙武还是杀掉了两位队长，重新任命了两个新的队长，继续练兵。这时，当孙武的击鼓令一响，这些宫女前后左右，进退有序，合乎规矩，阵形非常整齐。这时孙武请吴王阖闾来检阅，阖闾因为失去了爱姬，心里不是滋味，没有过去，孙武于是亲自去拜请阖闾。他说：“令行禁止，赏罚分明，这是兵家的第一原则。对士卒一定要威严，只有这样，他们才会听从号令，打仗才能克敌制胜。”听了孙武的一番解释，吴王阖闾非常赞同，于是任命孙武为将军。

在孙武的严格训练下，吴军的军事能力大大提升，在吴楚大战中大败楚军。一个管理者只有像孙武做的那样令行禁止，赏罚分明，才能锻炼一支高效率的有战斗力的队伍。

原文

今世人皆思见用于世，而管才用之具。诚能考信于载籍，问途于已经，苦思以求通，躬行以试其效，勉之又勉，则识可渐通，才亦渐立。才识足以济世，何患世莫己知哉？（《曾文正公全集》）

译文

现在的人都企盼为世所用，却缺乏拯救社会的才能。如果能真正从古代典籍中加以考证，再向那些过来人学习，苦苦思索以求贯通，并亲自去实践，以验证其效果，不断努力，那么就可以慢慢通达识变，才识就能逐渐培养。如有能有益于社会的才识了，还怕世上的人不知道你吗？

解读

没有人从一开始就是完美无缺的，他总有很多这样那样的缺点。如果你要把一个人塑造为可用之材，就要磨炼他，珍惜他，把他身上的缺点磨平，他才能变得成熟老练起来。

曾国藩磨炼人才有很多方法，他在选将之初，常会指派他们去基层历练一番。不仅对于才能，他也很重视对人品德的磨炼，他常用“清诚慎戒”四字要求幕僚，并要求他们能从大处着眼，能从小处做起。

在现今的社会，人才很多，但也有很多人才是极富个性的，所以是不符合用人标准的。为此，用人者就该有识人之法，不要认为他们有棱有角就不用，而是要对他们进行磨炼。如果你认为他真是有用之才，那他就一定能通过你的磨炼而成大器，而那些经不起磨炼的人，则要断然放弃，这样的人是成不了什么大事的。

案例

百里奚举于市

每一个人都有一个成长的过程，没有人从一开始就是完美的，总是会有一些缺点，没有谁一开始就是大才，总是要经过一番磨炼，终究被发现，被重用，真正的大才，是经得住磨炼的。

“名播天壤间”的百里奚刚开始就是生活在社会底层的一个小人物，他出生于一个群雄逐鹿的社会大动荡大变革时期。

百里奚是虞国人，虽然饱读诗书，是栋梁之材，但因他出身贫寒，没有进身的门路，在三十岁的时候，他不想再过这种平头百姓的日子，他选择离家去闯世界，立志干一番惊天动地的事业。他出门的时候，家里穷得连做饭的锅都没有。

离开家乡南阳之后，他先后游历宋国、齐国和周都洛阳，想找个施展自己才智的舞台，为国为民建功立业，但是四处碰壁。在齐国，百里奚陷入困境，还一度沿街乞讨，但他并没有死心，还是在寻找自己的求仕梦想。幸好他在齐国遇见了一个叫蹇叔的人，两人惺惺相惜，结为了知己。

刚开始，百里奚想辅佐齐国国君，但齐国国君没有重视他的才华，后来，百里奚来到虞国，被国君任命为大夫，但是虞国国君昏庸爱财。晋国于是给钱借道虞国去征讨虞国的邻国虢国，百里奚等大臣们劝说无用，最后，虞国被晋国所灭，百里奚也成了晋王的俘虏。最后他设法逃走，回到故乡楚国，在南阳帮人养牛为生。

后来一个晋国的谋士公孙枝，把百里奚介绍给了秦穆公，说他是大才。于是秦穆公决定找到他。当时的秦国还是一个民智不开，国弱民穷的边塞小国。

百里奚后来被秦穆公用五张羊皮换到了秦国，拜为丞相，他开始在秦国大展其能。内修国政，教化天下，恩泽施于民众，使秦国由一个西陲小国，变成威震天下，“八方来朝”的春秋五霸之一。百里奚在都城里行走从不用车马随从，也不用甲兵护卫。平易朴素，不仅为百官树立了榜样，也以实际行动感动了百姓。这对还处在春秋战国时期的百姓来说无疑是一种相当大的震撼，他也赢得了时人的赞许和尊敬。百里奚为秦国的国强民富，为秦穆公的霸业立下了不可磨灭的功绩，为秦国统一六国，为中国的统一奠定了基础。

百里奚的一生大部分的时间都是在不得志和贫苦中度过的，但是他一直接受苦难的磨砺，坚守自己的心志。作为领导者就是要挖掘这种人才，因为自古雄才多磨难！真正的人才是经得起磨难的。

原文

扬善于公庭，规过于私室。(《曾文正公全集》)

译文

部下为善，则应该在大庭广众之下予以表扬，部下有过错，则应该单独叫来予以批评。

解读

每个人都希望得到别人的认可，得到上司的赞扬，这是员工产生工作动力的重要因素。所以管理者在看到下属做出了成绩，或者有值得肯定的地方时，都应该表扬，而且最好是当众表扬，当众表扬就是让他在大家面前得到认可，这样他获得的鼓励也会更大，动力也会更足，也就会使他的信心更加充足，意志更加坚定。

与表扬相对的是批评，下属有错误，势必需要批评，不批评不足以让其改正。但批评应该在私下里进行，而不应当众责备。毕竟人人都好面子，如果当众批评，就会让人觉得在大家面前被揭了伤疤，从而产生抵触心理，与你批评的初衷背道而驰，而私下里批评之，不仅维护了他的尊严，也能让其更深刻地认识到自己的错误。

用人者当时刻铭记，表扬多当众表扬，批评当私下批评。

案例

曾国藩巧妙化危机

每个人都希望自己能够得到领导的重用，所以，一个领导对下属的态度常常会影响到下属的工作效率。特别是下属犯错之后，领导的处理方式是否正确显得更为重要。

曾国藩是一个非常善于人事艺术，懂得团队管理的人。在他身边曾经发生过一个这样的故事，他手下有两员猛将，一位是僧格林沁的旧部下陈国瑞，一位是李鸿章的旧部下刘铭传。大家都明白，很多善于带兵打仗的人都性情凶猛，带兵有一套，但是很难相处，刚开始，这两个人的关系异常紧张。原因为陈国瑞妒忌刘铭传的部队有洋枪洋炮，武器非常先进，所以安排人连夜去刘铭传的先锋营抢了三百杆洋枪，还杀掉了刘铭传二十多个部下。刘铭传的部队可不是等闲之辈，绝不甘心受这样的窝囊气，于是第二天就去绞杀了陈国瑞手下五百人。这下两支部队的梁子就结大了。同为曾国藩的得力部下，曾国藩会怎么处理这件事呢？

很多人一定觉得，治军必须要严，要拿出诸葛亮挥泪斩马谡的精神来，杀一儆百、严肃军纪。所以，这两人肯定是死罪难逃了。但是曾国藩可不是这样做的，他虽然感到很棘手，但是还是压下火气，依然和颜悦色，满面笑意地分别和这两个捅了天大的娄子的部下见了面，和他们喝着茶、彻夜长谈，跟他们讲事情的利害及解决的办法。

最后，他不但没有处罚他们，反而上表朝廷分别表扬了两人从军以来的功绩。这样的做法使这两个凶横跋扈的猛将都臣服于曾国藩，最后各自领命去了防区。这就让周围的人纳闷了，曾国藩为什么要这样做呢？

这就是曾国藩“扬善于公庭、归过于私室”的真实写照。一个领导者是不是成功的，关键就是看他所带的团队创造了什么样的价值。只有创造价值才是团队的存在意义。要想手下的人争气，不仅仅要适时地表扬其优点，更要懂得批评的艺术。对犯了错误的手下，宽大为怀，对立功的下属，要懂得赏识、信任，不吝啬，及时给予激励，这对一个人心智的成长有非常重要的影响。

在曾国藩的眼里，扬善是一种修行，更是一种胸怀，是成大事者必有的一种素质和手段。而究错，更是一门高深的学问，更要讲究方式方法，讲究艺术，只有在私密的空间里，归过才能发挥有效的作用，才是最合适的批评艺术，因为给人一步退路，能给其一片新的天地。

原文

吾欲以“劳苦忍辱”四字教人，故且戒官气而姑用乡气之人。必取遇事体察，身到心到口到眼到者。赵广汉好用新进少年，刘晏好用士人理财，窃愿师之。(《曾文正公全集》)

译文

我打算用“劳苦忍辱”四个字来教人，所以暂时戒除官气较多之人而用乡气较多之人，必用遇事亲自体察，身到心到口到眼到的人。赵广汉喜欢用刚提拔起来的年轻人，刘晏喜欢用读书人来理财，我愿意向他们学习。

解读

对于人才，曾国藩喜欢用朴实无华而具有乡气的人，这种人遇事用心，能够亲自体察事情，能够身到心到口到眼到，遇事处理得当，耐得住劳苦忍辱，而曾国藩也提倡用“劳苦忍辱”来要求下属，唯有这样，他们的才能才会越磨越亮，越来越好。

赵广汉喜欢用刚提拔的年轻人，取的也是这样的人没有圆滑习气，敢作敢为，没有框框，勇于探索，锐意进取；刘晏用士人，则取的是士人的自尊心强，不至于做出出格的事情，尤其是廉洁，对每天与钱财打交道的人更为重要。

以此观之，领导者用人应以质朴为上，不应专取才华。虽说用人只是用他的才能而已，其他根源的东西无须深究，但也必须足以驾驭，这样才能为我所用，而不致受牵累。人的才品，虽然多有不同，然而只有质朴才能长久。探究起来，以质朴为主而用人的过失不过十之二三，单以才华而用人的过失则会达到十之八九。

案例

刘晏善用读书人

一个领导者用人，最需要重视的还是下属的德行，只有那些质朴而没有油滑之气的人才能干实事，所以，取人要亲自考察，取能禁得住诱惑的人，然后把他放在合适的位置之上，这样大事可成。

唐中期，经过安史之乱之后，整个国家财政混乱，民不聊生，急需一个理财能手来解决这些问题。

当时的财政大臣刘晏就成了谋划中唐时期社会政治与经济的关键人物，他智慧早成，七岁就开始做官，在唐德宗年间，担任了转运使，执掌国家财政大权。当时的社会正是一个承上启下的特殊时代。

在转运使任职期间，刘晏克己奉公，机智多谋，特别是他认识到了人才的重要性，他觉得要搞好治理天下之财的重任，必须任用贤才。

他于是用优厚的待遇来招募那些善于往来奔走之人，将他们安置在全国前后相望的各地，搜集、上报各地的物价情况。所以，就算是偏远之地，在几天之内也能够将当地的情况及时上报到转运使司。这样就便于他掌握和谋划国家经济的大权，勤勉通达，权变自如，在使国家获利的同时，还能保持物价的稳定，使百姓没有后顾之忧。

他注重德才兼备的选人标准，坚决摒弃那些“损下益上，危人自安”的误国之才，将人才分为士吏，他觉得“读书人一旦贪赃受贿，就会被世人所抛弃。由于名声重于财利，所以大多数读书人都注重清廉自修，但是那些做官者即使廉洁自守，最终也难以获得显贵的殊荣。由于财利重于名望，所以大多数吏人都会贪污受贿。”于是，刘晏根据两种官员的不同素质，把那些跟钱物稽核出纳打交道的事务交给读书人去掌管，把办理文书的事务交给官吏去掌管。

就是因为刘晏知人善任，人尽其才，他的手下也在自己的岗位上做得有声有色，读书人坚守自己的名声，拒绝贪污腐败，官吏认真做事，效率很高，所以他的理财主张和措施才能贯彻到底，并取得巨大成效。

安史之乱后财政紊乱的状况得到了改观。唐朝政府每年财政总收入增加到过去年份的三倍多，由于各项措施得力，百姓得以休养生息，人口逐渐增加。

就是因为刘晏正确的人才政策，让权力被有效地监督，廉者自廉，能者多能，各取所长。

原文

为治首务爱民，爱民必先察吏，察吏要在知人，知人必慎于听言。魏叔子以孟子所言“仁术”，“术”字最有道理。爱而知其恶，恶而知其美，即“术”字之的解也。又言蹈道则为君子，违之则为小人。观人当就行事上观察，不在虚声与言论；当以精己识为先，访人言为后。(《曾文正公全集》)

译文

治理政治，首先在于爱民，要爱民必须先察举官吏，察举官吏最重要的在于知人，而知人必须慎于听取言论。魏叔子认为孟子所讲的是“仁术”，“术”字最耐人寻味。喜爱一个人而知其所短，厌恶一个人而知其所长，就是“术”字最贴切的意义。又讲遵行大道就是君子，违反大道就是小人。观察一个人应该从他的行为上去观察，不在于虚假的名声和言论，应当以提高自己的明识为先，访察别人的言论在后。

解读

曾国藩在用人上也有被欺骗的时候，主要就是因为听取了别人的好听言论，而没有去考察这个人的行为。

可见，用人就不要听别人怎么怎么说，一定要自己亲自去考察，或是指派信得过的人去考察，不论哪一种，都以得出最准确的结论为原则，考察得出这个人的品行，学识怎样后，再量才用人，这样管理者就不会犯下错用人才或是误用人才的错误了。

所以，对于一个人的言论，一定要谨慎听取。而领导者自己要修炼的则是提高自己的明识、学识，考察别人的品行，以达到知人的目的。唯有知人，才能正确用人，这是千古不变的原则。

案例

曹操的用人之道

一个领导者在打算重用一个人的时候，如果没有对他进行一个详细的了解，而只是听别人的一面之词就予以重任，那么可能就会误事。一个成功的领导者肯定有他考察人的方法，能够知人之长短，这样才能正确用人。

曹操就是一个这样的领导者，他最信任的谋士荀彧和郭嘉就是这样评价他的。

“知人善任，唯才所宜”，首先说的就是知人善任，这就需要领导者主动去观察，去了解。因为知人有三个主要的部分，第一就是要知道哪些人是真正的人才，第二就是要知道这些人是哪方面的人才，或者是哪种类型的人才，第三就是要知道把这些人放在什么位置上最合适。做到这三点就基本能做到知人善任，而曹操是怎么做的呢？

郭嘉曾经对曹操有过一个这样的评价，叫“外易简而内机明”，就是说他看上去很随便，其实什么都瞒不过他的眼，他的城府很深很深，他可以和你握手言欢，他可以和你谈笑风生，他可以和你嘻嘻哈哈，还可以和你勾肩搭背，但是在做这些事的时候，他同时在认真地观察着你，而且把你看得入木三分，他会把面前的人记在心里，曹操看人的能力非常强，当时袁绍的气焰那么嚣张，袁术是那么地不可一世，但是曹操从来没有把他们放在眼里，反而对那个卖草鞋出身，寄人篱下的刘备另眼相待，跟刘备说：“今天下英雄，为使君与操耳”。曹操的识人能力可见一斑。

他的手下崔琰和毛玠两个人，作风非常正派，从而激起天下廉洁之风，即使尊贵得宠的大臣，衣着车辆都不敢太奢华。毛玠和崔琰一改朝中风气，令曹操大为赞赏，他说：“举用人能如此，令人民都自律，我还可以做什么？”而且他们还清正廉明，于是曹操就安排他们管理官员的任免，选拔官员，他们俩举荐的官员基本都是德才兼备的人才。另外他的手下枣祗和任峻，这两个人主要特点就是任劳任怨，曹操就安排他们去屯田，让他的屯田制度得到了贯彻和落实，获得了丰厚的粮草和经济基础。这就是曹操知人善任、唯才所宜的结果。

就连一个非常讨厌曹操的人洪迈也承认，曹操的用人之道：“智效一官，权分一郡，无小无大，卓然皆称其职”，就是说他不管安排什么人做什么事都非常合适，都非常称职。所以曹操的身边聚集的核心谋士、重要谋士、一般谋士一共有 102 人，还有三国时期的顶级谋士荀彧、荀攸、郭嘉、贾诩、程昱。就是如此才能成就北魏之兴旺。

原文

所谓考察之法，何也？古者询事、考言二者并重。(《曾文正公全集》)

译文

所谓的考察之法是什么呢？就是古代人说的要对下属的办事情况和言论情况同时进行考察。

解读

领导者要识才，就必须要对人才加以考察。至于考察的方法，则有两点，一是看他们的办事情况，二是看他们的言论情况。

而二者之中，更应受领导重视的则是看他们的言论情况，也就是下属的建言。通过建言，上司可以收到集思广益的效果，也可以借此观察下属的才识程度。

我们常说的甄别人才，其实就是考察。甄别的目的是为了“去其稂莠”。不加考察或甄别，而对那些不投领导所好的人才，不加培养，不加使用，肯定是对人才的浪费；不加考察或甄别，而单凭领导的爱好或印象保举和超擢，把那些口蜜腹剑、两面三刀的阴谋家和野心家当作人才来培养和使用，则必会造成恶劣的政治后果。这种事例，在历史上是屡见不鲜的。正如曾国藩说：“榛棘不除，则兰蕙减色；害马不去，则骐骥短气。”

案例

唐玄宗用人失察

领导者对于人才的考量与选拔，直接决定了事业的成败，假如不加甄别，将一些虚伪的小人招为手下，那后果将十分严重，因为这些小人不仅仅会麻醉你，还会排挤你身边的忠诚之士，成为害群之马。

唐玄宗李隆基时的宰相李林甫就是一个这样的人，首先担任兵部尚书，后为中书令。他为人阴险奸诈，妒贤嫉能，表面上与人为善，背地里却进行谗陷。

他一当上宰相，就马上把唐玄宗与大臣们隔绝起来，让唐玄宗只知道他汇报的事，不问外边的事。作为一个君王，就这样被蒙蔽在他编织的罗网之中。

当时朝里有个叫严挺之的中书侍郎，很有才干，只是因为流露过对李林甫的不满，李林甫就在玄宗面前加以中伤，终于把他排挤出去，去外地做了刺史，但是有一天唐玄宗想起了这个人，于是跟李林甫说："严挺之如今在哪里？这个人很有才能，现在怎么样了呢。"李林甫回答说："陛下既然想念他，我等会儿就去打听一下。"下朝之后，他就去将严挺之的弟弟找来，跟他说："皇帝想见你哥哥，我有一个办法可以帮助你哥哥回到京城里来。"

严挺之的弟弟看到李林甫这样关心他哥哥，对他感激涕零，连忙请教办法。李林甫说："只要你哥哥上一道奏章，说他生了病，想回京城来看病就万事大吉了。"严挺之还真的上了一道奏章，请求回京城看病。李林甫马上就拿着这封奏章去见唐玄宗，跟他说："陛下，真太可惜，严挺之如今重病，干不了什么事了。"于是唐玄宗也没有再去理会。

当时朝廷里也就只有左相李适之的威望比较高，李林甫就一直想方设法陷害他。有一次，李林甫对李适之说："华山附近有金矿，开采出来的话国家就富裕了。但现在皇上还不知道。"忠厚的李适之信以为真，就在奏章中跟玄宗汇报了这件事。

后来玄宗询问李林甫时，李林甫跟玄宗说："这事臣早就知道了，但是华山是陛下皇家根基及帝王王气之所在，是万万不能开采的啊。"

结果李适之被玄宗斥责了一顿。李林甫更加得宠了，他的嘴脸越来越被人看清，人们说，林甫"口有蜜，腹有剑"。

李林甫在相位十九年，玄宗晚年政治腐败，他有很大的责任。就是因为玄宗识人不明，察人不细所致，间接地导致了唐玄宗后期的天宝之乱。

原文

贤达之起，其初类有非常之撼顿，颠蹶战兢，反而得全。(《曾文正公全集》)

译文

贤达之人刚刚产生时，起初大多数都经历了许多磨难，不断的挫折和惊惧，反而成全了他们。

解读

这世界上的很多人才，都是在经过一番艰难困苦的锻炼之后才光耀于世的，不断的挫折和磨难不会打倒他们，反而会成全他们。

困难并不可怕，可怕的是一个人不肯努力，任凭环境的摆布，消沉求生的意志。这样，他们永远成为不了对社会有益的人才。

挫折和顺利，失败和成功，都是完整人生不可缺少的组成部分。它们之间，相辅相成，互相转化。老子曾说：“福兮祸之所伏。”顺利往往就伴随挫折而来，成功也常常在失败中诞生。无数事实证明，挫折和失败是成功之母。

领导者用人，也可适当地将他们放到艰难一些的环境中，或是给他们一些困难的考验，看其是否能够战胜挫折，战胜困难，收获成功。

案例

铮铮铁骨的刘备与乐不思蜀的刘禅

这世界上真正创造丰功伟业的人才都得经过一番艰苦的磨炼，因为只有战胜了苦难，才能成就真正的人才，而那些没有吃过任何苦、没有经过打拼的人，就算是给他一份大好的基业，也最终会葬送掉。

刘备虽然是汉中山靖王刘胜的后代，但是他父亲早死，家境贫寒，与母亲贩草鞋、织草席度日，生活非常艰苦。

但是刘备的性格坚韧不拔、屡败屡战。在他创业之初，艰辛异常，势单力薄，颠沛流离，东奔西走如丧家之犬一般，依靠袁绍时，受到节制，依附曹操时，曹操众谋臣想诛杀他。曹操两次都免杀，并以礼相待，后他又趁机逃脱，联吴拒曹。他也曾依赖刘表，但是被刘表暗地里提防，忍辱存身，以图称霸，后来两次占据徐州，但都最终失败，但是他注意收买人心，不论什么情况，他都以民为先。直到三顾茅庐请诸葛亮出山，才打了几场胜仗，有了一点转机，可见刘备就是一个有坚韧不拔、锲而不舍精神的人，是一块硬骨头，最后才创造了蜀汉这份基业，称王于天下。

但是他的儿子刘禅和刘备比起来，就是一个真正的败家子，他是直接在刘备的一帮大臣的庇护下登上王位的，刘禅承续大统时，年仅 17 岁。刘备临终前特意叮嘱："汝与丞相从事，事之如父。"一切都靠诸葛亮来决断，所以等诸葛亮那一班旧臣去世之后，蜀汉就被曹魏所灭。刘禅被遣往洛阳，受封为安乐公。

刘禅投降后，昭赐给他住宅，月给用度，僮婢百人。刘禅为表感谢，特意登门致谢，于是司马昭设宴款待，在他面前演奏蜀国的歌舞，蜀官们都很伤感，但是后主面有喜色，嬉笑自若。酒至半酣，司马昭问后主说："你思念蜀国吗？"后主说："这个地方很快乐，我不思念蜀。"

他的旧臣谷正听到之后，赶紧找个机会悄悄对他说："陛下，等会儿若司马昭再问您，您就哭着回答：'我先人的坟墓，远在蜀地，我天天想念啊！'这样，司马昭就会让陛下回蜀的。"过了一会，司马昭果然又问，刘禅赶忙把谷正教他的话说了一遍，司马昭听了说："我怎么听得这话像是谷正说的一样？"刘禅惊奇地说："是啊！就是他说的呀！"司马昭及大臣们都哈哈大笑起来。司马昭看刘禅这么老实，于是就没有再怀疑他。刘禅就在洛阳安乐地度过了余生。

刘禅就是任凭环境的摆布，消沉求生的意志，终究还是做了亡国奴，没有任何的建树，只是给人留下一段笑柄。

原文

君子之道，莫大乎以忠诚为天下倡。(《曾文正公全集》)

译文

真正的圣人君子的行为准则，在于忠诚，并且以忠诚去倡导天下的人们。

解读

一个效忠于自己的人，远胜过一个才华横溢的人。纵使他再有才华，若不能为我所用，也会毫无意义。

管理者用人要求下属们忠诚，将忠诚作为美德，那就应该先从自己抓起。俗话说："臣对君忠，君对臣仁。"上司和下属的关系和君臣之道一样，都是相互的，君主诚心实意地对待臣子，那臣子也会向君主奉献自己的忠心。同样，上司真心实意地对待下属，收获的也必然是下属的忠诚。

另外，管理者也应任用诚信的人，在信与不信之间，要掌握好自己的度，有时知人知面不知心，所以用人之时，要仔细思量，不可莽撞。

案例

貌似忠诚的安禄山

对于领导者来说，下属的忠诚绝对胜过才华，能够得到一个忠心的下属，可以说是一种福气，很多领导者对自己的手下诚心实意，以期望得到下属的忠心。但是很多时候，知人知面不知心，在用人的时候，有些人貌似忠心，暗藏反骨。那就有可能背地里给你带来麻烦。所以领导者对于下属的监督观察不可麻痹大意。

在唐朝开元盛世时期，天下太平，唐玄宗对胡人大胆起用。当时的安禄山进入了他的视野。

安禄山从小就是孤儿，生性骁勇，通解六蕃语言，加入幽州节度使张守珪军中，但是与奚、契丹打仗时战败，罪大当诛，被送往京师。宰相张九龄洞悉安禄山以后必会造反，请唐玄宗杀掉他，但是玄宗爱惜他的本领，保全了他的性命。

从此安禄山不断向玄宗表明自己的忠心。安禄山是个大胖子，差不多有三百多斤重，他的肚子特别大。有一次，唐玄宗指着他的大肚子，开玩笑地问他：“你这个大肚子里面装了什么东西啊，竟有这么大？”安禄山一本正经地跟玄宗说：“陛下，这里面没装什么东西，只有一颗对陛下赤诚的心。”唐玄宗听了，觉得他真的是忠诚可爱。

但是安禄山这个野心家已经不再满足于自己已经得到的权位和势力，还想爬上更高的位置。他利用一切机会，挖空心思地博取唐玄宗的欢心，取得唐玄宗的信任。

安禄山深知玄宗好战喜功，于是就多次用阴谋诡计，诱骗和坑杀了成千上万的奚人和契丹人，或者把他们押送到京城献俘，或者割下他们的脑袋去报捷。

安禄山的这些努力还是没有白费。唐玄宗封安禄山为东平郡王，这可以说是唐朝开国以来封给胡人的最高爵位了。同时玄宗还下令在京城里给安禄山建造极其豪华的府第。所有的陈设用具，都是用最名贵的材料做成的，连炊具都用金银制作。

但是安禄山并没有停止，常献奇禽异兽给玄宗讨其欢心，在他的左右伺候，得到了玄宗、杨贵妃的喜爱，后兼河东、平卢、范阳三地节度使，掌握了今河北、辽宁西部、山西一带的军事、民政及财政大权。

玄宗统治晚年，朝政腐败，禁军虚弱。安禄山洞悉内情，遂阴谋叛唐。就是因为玄宗误信安禄山的忠心，造成了安史之乱，让天下动荡，百姓遭殃。

原文

留一分余地，可回转自如。不留余地，则易失之于刚，错而无救。(《曾文正公全集》)

译文

凡事留有一分余地，则可周旋回转，灵活自如；凡事不留有一分余地，则容易失之于刚硬，一旦错了则无可改正。

解读

人非圣贤，孰能无过，有则容其改之，还可为团队效力。领导者小事若处理不好，就会酿成大祸，因此在一些小的过错面前切不可小题大做，打打杀杀的，应以宽恕教训为怀，给人留一些余地，如果逢错就杀、就罚，那还会有几个人敢作敢为，谁又敢为我团队的前进划桨推轮呢？

对别人的过失与错误，首先要分析他们犯错的原因，可能是受到恶劣环境的影响，可能是因为他们对事物认识不清楚，也可能只是一时疏忽，有时还可能因为求好而犯了错误。除了一些真正的错误不可原谅之外，多数错误还是可以原谅，可以改正的，领导者应抱着与人为善的态度，对别人的错误，在不伤及他们自尊的情况下，诚恳而婉转地加以解释和劝导，鼓励他们改正。

倘若下属犯了错误，你不但不跟他计较，反而原谅他，宽恕他，必要时还去帮助他，在一般的情形之下，他必然会对你产生万分的感激之情，从而在工作中更多地回报于你。

案例

狄青之柔

每个人都有犯错的时候，所以领导者常常会面对犯错误的下属，如何处理可以展示一个领导者的智慧和气度。对于犯错的下属，你如果给予理解，细致查证，再宽容以待之，肯定比一番不问对错的叱喝要好。留一分回旋余地，退一步海阔天空。

北宋名将狄青和猛士刘易之间就发生过一个这样的故事，从这里就能让人看到善于理解是多么重要。

有一年，狄青出守边塞，跟随他出征的还有一员叫刘易的猛士。刘易熟知兵法，能打恶仗，对狄青要守卫的那段防线也非常熟悉，所以狄青非常重视他。

但是这个刘易有一个非常奇怪的嗜好，就是特别爱吃苦菜，如果哪顿饭没有苦菜的话，那就掀桌子骂娘，有时还会因此动手打人，身边的士兵和将领都有点怕他。

当他们到了营地之后，带来的苦菜很快就吃完了，而边塞找不到这种野菜。有一天，士兵送来的菜里没有苦菜，刘易于是在军营中大闹不止，狄青知道后非常生气。

按照常理，一支戍边的军队中怎么能容下这种人呢，但这个刘易的确与众不同。狄青当时想，和刘易这种性格刚烈的人不适合正面去争论，发生冲突会破坏自己与刘易的感情；但是放任不管的话，会影响士兵的军心。

于是，狄青决定好好安抚一下刘易，还安排一些人去内地取苦菜过来。有些将领看到这种情况之后，非常不服气，他们说狄将军骁勇善战，屡建奇功，还用得着给那个刘易弄苦菜吃吗？还有将领打算去找刘易比一比武艺，杀一杀刘易的威风。但是狄将军赶紧跟他们说："刘易本来就不是我的部下，假如你们和他计较，争强斗胜，这样会给敌人可乘之机。我们如今需要团结一致。"

这些话传到刘易的耳中，刘易非常感动。还得知狄将军专门派人去给他弄苦菜吃，他觉得狄将军顾全大局，宽宏大量。自己不能再给非常忙碌的狄将军添麻烦。

过了几天，刘易找到狄青，很诚恳地说："狄将军，您治军严整，我早有耳闻，如今我自己因为一点小事违背军纪，您对我宽容以待，我一定会报答您。”从此，刘易再也没为苦菜闹过事，反而为狄将军的宽阔胸怀所折服。

其实，这正是狄青作为一个管理者的智慧之处。假如他和刘易斤斤计较，直接对他进行处治，肯定收不到预期的效果，也许还会影响边防防务，如今他主动退让，以退为进，不仅收服了刘易，还得到了其他将领、士兵的钦佩，为他的宽容气度所折服。

管理者就是要善于处世，更多地体谅别人，巧妙地表达自己的思想并给人留有余地，不与别人计较一时之短长，团结绝大多数人，实现自己的目标。

自御卷

第五

原文

凡善将兵者，日日申诫将领，训练士卒。遇有战阵小挫，则于其将领责之戒之，甚者或杀之；或且泣且教，终日絮聒不休。正所以爱其部曲，保其本营之门面声名也。不善将兵者，不责本营之将弁，而妒他军之胜己，不求部下之自强，而但恭维上司，应酬朋辈，以要求名誉，则计更左矣。（《曾文正公全集》）

译文

凡是善于带兵打仗的人，会天天告诫他的将领，训练士卒。打仗时遇到小的挫折，就会对手下的将领责备和告诫，甚至必要的时候还会把他们杀了；或者边哭泣边教训，整天喋喋不休。这么做，正是为了爱惜部下，保护自己队伍的门面和名声。不善于带兵的人，不责备自己所带队伍中的将士，而去妒忌别人的队伍超过自己，不求让自己的部下自强，而只是一味恭维上司，频繁与朋友应酬，以求得名誉，这样的做法就差得很远了。

解读

现在看来，管理下属和带兵打仗是一个道理，一个成功的领导者，也一定是一个善于管理自己下属的人。

对于自己的手下，严一点比较好，最常见的就是用严格的规章制度来对下属进行约束，让下属畏惧于上司的威严而服从管理。无论是赏是罚，都要有严格的标准，尤其是在下属遭遇到挫折的时候，一定要有处理措施，必要的时候还会严惩，这么做，实际上正是为了让下属少犯错误，不犯错误。而不责备下属，下属会没有危机感，必然错误不断。

对于自己，也要时刻给部下做表率。自己要是个条理性强的人，做事要果敢，有勇有谋。他们勤勉努力，以身作则，性格正直而不奸诈，那些没有能力的领导者才会靠钻营去谋取私利或升迁，这样的做法终究会显露于人前，是得不到任何好处的。

案例

曹操割发代首

在军队内，带兵的将军就是这支军队的灵魂人物，他如何训练士兵，直接决定着这支部队的命运，只有那些平时对士兵严格的将军，才是真正爱兵如子的人，因为在对阵时，能避免更多的伤亡。而作为一个领导者，就是要做出这样的表率，严格要求自己，以身作则，再严格要求自己的士兵，有错必改，有过必究，赏罚分明才能锻炼出一支优秀的军队。

在三国时期，曹操作为魏国军队的第一指挥官，他的言行举止就直接影响着整个军队。

有一次，他率领着大部队经过一片麦田时，他下令，“任何人不得损害农作物，否则杀无赦”，所有的骑兵都下马，小心翼翼地用手扶着麦秆，轻轻地蹚过麦子，这样一个接着一个，相互搀扶着走过麦地，没有一个人践踏麦子。当地的老百姓看见了，都觉得这是一支爱民的军队，纷纷称颂。还有人望着官军的背影，跪在地上拜谢呢。

曹操正骑着马在大道上走着，忽然，从边上的地里蹿出一只兔子，把他的马给吓了一跳，一下子甩开蹄子冲进了路边的麦子地内，踏坏了一大片麦子。

这时，曹操马上将随行的官员叫过来，跟他说，要严格地惩罚自己践踏麦子的罪行。这个官员说：“我怎么能治丞相的罪呢？”曹操说：“军令是我亲口颁布的，如果我自己说的话都不能遵守，那还有哪个士兵会自愿遵守呢？一个没有诚信的将军，如何去统领成千上万的士兵呢？”他说完后就抽出腰间的佩剑打算自刎，边上的将士赶紧拦住。

这时，他的军师郭嘉走了过来，跟他说：“丞相，《春秋》上不是说，法不加于尊。丞相现在是大军的主帅，重任在身，怎么能自杀呢？”

曹操沉思了很久，然后说："既然《春秋》上有'法不加于尊'这个说法，那我还是得履行天子交给我的职责啊，那暂且免我一死吧。可是，我还是得有诚信，犯了错误就要受罚啊。"

于是，他割下自己的一缕头发说："那么，我就割掉头发代替我的头吧。"曹操又传令三军："丞相践踏麦子，本该斩首示众，因为肩负重任，所以割掉头发替罪。"

三军将士无不被曹操的精神所鼓舞，更加感觉到了曹操的赏罚分明，整个部队严守军纪，听从调配，上阵杀敌也更加拼命。

原文

古人患难忧虞之际，正是德业长进之时，其功在于胸怀坦夷，其效在于身体康健。圣贤之所以为圣贤，佛家之所以成佛，所争皆在大难磨折之日，将此心放得实，养得灵，有活泼泼之胸襟，有坦荡荡之意境，则身体虽有外感，必不至于内伤。(《曾文正公全集》)

译文

古人在遭遇困难忧虑的时候，正是他的品德修养进步之时，他的功绩表现在胸怀坦荡，他的效果表现在身体健康。圣贤之所以成为圣贤，佛家之所以成为佛，关键都是在他们遭受重大困难挫折的时候，把心放得实，养得灵，有乐观的心态，有坦荡的胸怀，即使身体受到外部的伤害，也不会伤到身体内部。

解读

领导人一定要自身是一个思想开明、有风度、有领导才能的人。这样看来，胸怀坦荡、有亲和力就非常重要了。

如果一个领导人能在遭遇困难艰苦的境地中，也不浮躁焦虑，而是踏实求稳地寻求解决之道，那他就能将自己修炼成胸怀坦荡，把心放得实，养得灵的人。

胸怀狭窄，不够大度的人，一般都容不得人，也容不下事，生性多疑，一点小事也常常折腾得吃不好睡不香。对比自己强的人嫉妒，对不如自己的人又看不起。长此以往，不但会丧失自己原有的威望，而且会影响自身健康。

心有多大就能成就多大的事业，心胸狭窄的人是很难有所作为的。要想成大事，有所为，必须放开胸怀。不计较得失，无关紧要的不必斤斤计较，原则问题则寸步不让，这样不但能带领团队成事，自己的身体也会变得健康。

案例

心底无私天地宽

俗话说，心有多大，舞台就有多大，那些真正成大事的人都心怀天下，不会计较个人得失，对那些无关紧要的事从不放在心上，有时候退让反而会赢得别人的尊重，赢得人心。

清代康熙时期文华殿大学士兼礼部尚书张英老家的人修治府第，因地基问题和邻居发生了争执，因为两家在当地都是有头有脸的名门望族，谁也不想让步。于是就暗暗较真起来，各自去找自己的后台。于是家人给张英写了一封信，希望他能出面摆平吴家，这个张英也不愧是“外交部长”，他看到信之后，马上修书一封劝解家人，信里面只写了一首诗：“千里修书只为墙，让他三尺又何妨。万里长城今犹在，不见当年秦始皇”。

张英的家人看到信之后，明白了他的意思，于是他们主动让步，在原来争执的地界那里让出了三尺土地，表示自己不再相争。吴家看到张家这么大度地处理此事，觉得自己也不能得寸进尺，于是也仿效张家又让出了三尺土地。于是那个位置就腾出了一条六尺的巷道。

一时间，他们两家处理这个问题的做法在当地传为美谈。可见邻里之间的关系，只要双方都大度一点，心胸放宽一点，互相之间宽容一点，这样就能做到相互谅解，和睦相处。

后来张英的儿子张廷玉，官至保和殿大学士、军机大臣，乾隆时加太保，为官康、雍、乾三代，他有这样的官场作为，应该就得益于父辈、祖辈这种淡泊致远、克己清廉的家风。老家的六尺巷在父辈那里宽了六尺，在这些儿孙的心中又宽了万丈，“心底无私天地宽”。

人的肚量越大，就能将问题往大处看，所谓“站得高，看得远”，特别是处理事业当中的各种复杂关系和问题，更需要有长远的眼光，要用望远镜和显微镜观察事物的运动规律，而不是鼠目寸光，一叶障目，不见泰山。只有无私的心胸才会坦荡无垠，才能有所作为，成大事。

原文

无实而享大名者必有奇祸。(《曾文正公全集》)

译文

没有与名声相符合的实际能力，而享受那么大的名声待遇，必然会有突如其来的灾祸。

解读

一个人的名誉、声望应该与自己的才能、贡献和功劳相一致，应该重实轻名，而非名过于实，或是名不副实。

没有能力而追求虚名的人，必然采用一些非法的、见不得人的手段，如此就终有败露之日，给自己带来灾祸，所以古人也说“有名而无实，天下之大患也。”

好名的心，每个人都有，但我们应该时时提醒自己，不要让好名之心胡乱滋长，要懂得“盗名者必有不测之祸”的至理，要提倡自己多做实事，少说大话。

案例

好大喜功的陈豨

人都有爱名之心，如同爱美之心人皆有之一样，但是名声的承载还是需要有实实在在的能力的，否则终究会被声名所累，严重的还会招来灾患。

陈豨，很早的时候就跟随刘邦南征北战，是刘邦手下的一员猛将。在高祖七年，陈豨被提拔为赵、代两地的边塞守卫大将，得到了高祖的信任，掌管要塞重地，所以他的势力也相当大。

这个陈豨在年轻的时候，非常倾慕魏公子信陵君魏无忌；一直想做一个那样的人，等他率领军队守卫边疆的时候，就开始招集宾客，礼贤下士，名声超过了实际。

有一次，陈豨回家探亲，途径赵国时，赵国的国相周昌发现，陈豨身边的陪同人员非常多，就连车子都有一千多辆，几乎把整个邯郸城的大小宾馆都给住满了；而且周昌还注意到，陈豨这个人待人宽厚，平易近人，对自己的随从们非常照顾，就算委屈自己，也不会怠慢他人，所以深得人心。

周昌当时心想，这个陈豨怎么会有这么多的资金来养人和车？他的金钱来源肯定有问题。而且，不管是从势力还是为人来看，这个陈豨都不是等闲之辈，这样下去肯定会出事的。

等陈豨走了之后，周昌就写了奏章给高祖，他说："大将陈豨回家一趟，仪式隆重，陪同人员及车辆众多，那架势都胜过了皇帝出行。我看他常年在边疆，独揽军事大权，肯定形成了一股庞大的势力，您应该要防止他谋反呀！"高祖听了后，觉得要防备，于是派了官员去那边检查工作，这一查不要紧，在他的下属那查出了不少问题，而且不少的事都和陈豨有关。当陈豨知道之后，觉得自己就算军功再大，也难逃此劫。于是暗中派宾客到王黄、曼丘臣处通消息。

高祖十年，刘太公去世了。高祖借此召见陈豨，打算处理他。陈豨假说有病，拿定主意不见高祖。在九月份的时候，他想不能做砧板上的鱼肉，就自立代王，以迅雷不及掩耳之势占领了赵、代两地。高祖亲往邯郸平叛，最后樊哙的军队于灵丘杀掉了陈豨。

陈豨就是因为追求虚名，名声超过了实际，引起了周昌的怀疑，于是因为一些过失被逼反，使自己陷于大逆不道的境地，最后丢了性命。由此可见，对于名声和能力的权衡成熟与否和成败如何，对一个人的影响很深远。

原文

我辈办事，成败听之天命，毁誉听之于人，惟在己之规模气象，则我有可以自立者，亦曰不随众人之喜惧耳。(《曾文正公全集》)

译文

我们这些人办事，成败只好听天由命，毁誉也随别人的便，只有自己处事的办法，靠自己来制定，也就是说，不随众人的喜惧而变化。

解读

管理者不要过于在意别人的想法，不要做事时总希望得到所有人的满意，因为这是不可能的。每个人都有自己的观念和眼光，都会用他独特的价值观去评判你，如果太在意别人的看法，你势必会变得无所适从，还不如做什么事自己认定一个最好的，然后去努力追求呢。

一个人不能同时选择两种价值观，否则他的行为就会陷于混乱，一个团队也不能由两个以上的人来指挥，否则这个团队就是一盘散沙。同样，对一个人或一个组织也不能同时采用两种不同的管理办法，不能同时设置两个不同的目标，不然就会让这个企业无所适从。同样的道理也适用于你在与人打交道的方面，在你做出决策之前，向别人征求意见其实越少越好。

案例

三人成虎

一个领导者常常会面临抉择的路口，这时身边就会有人来给你进言，每个人都会有自己独特的观念和眼光，有自己的价值观，所以就会有不同的意见，如果此时被这些意见左右的话，那么可能就会无所适从，耽误时机。

从前，有爷孙俩进城去卖东西，那天天气很热，爷爷骑着驴，小孙子在前面牵着。路上，有一个路人看见了就说："这位老人真的只会自己享受，让一个小孩子受罪。"爷爷觉得那人说得对，赶紧让小孙子骑驴，自己走路。还没走多远，又碰到一位路人，他说："这个小孩子真不懂事，让爷爷跟着跑。"听到这话之后，小孙子感到惭愧，于是他俩一起骑着驴走。还没走几步，一个老太太看到了，便说："这爷俩真狠心，把那头瘦驴压得快死了。"爷孙二人一听也是，于是一起走路，谁也没骑了。又碰到一个老头，他指着他们爷儿俩说："这爷俩真是傻子啊，有驴子不骑，宁愿走路。"这时，他俩真有点蒙了，不知所措。

假如这爷孙俩确信自己的行为是正确的话，那只要坚持自己就行了，没必要太在乎别人的看法，因为这样反而束缚或伤害自己。胸无主见的爷孙俩，在旁人七嘴八舌的议论声中，无所适从，迷失了自我。

如果一个领导者也这样没有主见，那么事情就更加麻烦了。

魏国的大臣庞恭要陪太子一起到赵国的都城邯郸去充当人质。临走之前，庞恭对魏王说："假如现在有一个人说集市上有老虎，大王您相信吗？"

"当然不会相信。"魏王很坚定地说。

"那么有两个人说集市上有老虎，大王会不会相信呢？"

"寡人不信。"

"倘若有三个人说集市上有老虎，大王相信吗？"

"这个……我会相信。"

"君上，集市上本来就没有老虎，但就是有三个人说有，于是就有老虎。如今邯郸离魏国这么远，假如有超过三个人在大王您面前说我如何如何，还请大王能明察。"庞恭用心良苦，绕了这么大圈子来劝说魏王，可也没有用，他从邯郸回来之后，魏王对他没有了任何信任。

假如一个人没有自己的主见，人云亦云，那么面临抉择时就很难做出明智的判断，有时让自己不知所措，耽误时间，也冷落了人心，所以一个成功的领导者必定是那种善于决断、雷厉风行的人，能朝着自己的目标，毫不犹豫地做出判断。

原文

凡人材高下，视其志趣，卑者安流俗庸陋之规，而日趋污下；高者慕往哲盛隆之轨，而日即高明；贤否智愚所由区矣。(《曾文正公全集》)

译文

人的优劣高低，要根据其志趣而定。才能卑下的人，安于世俗之人的庸规陋习，因而一天天地走向污下；才能高的人，仰慕往哲先贤的隆盛的事迹，因而一天天地走向高明。人的好坏、智愚，由此就可以清楚地辨别开来了。

解读

一个人的成就高低，与其志趣有很大关系。

如果一个人流于庸俗，安于现状，那他就不可能有长进，只能一天天地走向污下。而志趣高昂的人，他们会让自己像往哲先贤一样，达成他们那样的功业，因而他们会不断进步，一天天地走向高明。

我们常说：一个人的梦想有多大，他的事业就会有多大。一个人因为有梦想，才会行动，才会成功，这是大多数成功者走过的共同道路。梦想是成功的最大推动力。一个真正的成功者一定也是一个有着强烈成功欲望的人。

不安于世俗的人都是有梦想有追求的人，他们会不断进步，不断让自己与众不同，也正因为此，他们才逐渐变得更加优秀，最终成为一个管理者手中不可多得的人才。

案例

燕雀安知鸿鹄之志

世上的人肯定有优劣之分，不可能所有的人都一样优秀，也不会所有的人都一样草包，那么人的优劣主要体现在哪？主要是志趣，一个人的志趣高低往往决定他成就的高低。俗话说，有志者事竟成，古往今来能成就大事业的人，没有一个不是从立志开始的。

据《史记》记载，作为推翻暴秦的主要力量的农民军领袖陈胜，出身农民，小时候家境贫穷，不得不以帮人耕作为生。但是他人穷志大，很想有所作为，他不甘心受人奴役，同情和自己命运相同的人。所以常常感叹人世，有时惆怅，有时慷慨激昂。有一次，他和一群哥们在劳动之余休息时，坐在田埂上默默长思。突然自言自语地说："假如有一天我发了，成为了富贵之人，我将不会忘记你们的。"那些与他一起劳作的佃农们听后都哈哈大笑，没有人当真，反而笑话他说："你一个做小工的农夫，能富贵吗？就是说说笑话而已。"

陈胜听到他们这样取笑自己，感到很遗憾，于是跟他们讲了一个故事："传说在远古时候，遥远的北海有一条特别大的鱼，它的名字叫做鲲。鲲身宽有几千里，至于身长有多少，没有人知道。后来，鲲变成了一只大鸟，名字叫做鹏。大鹏鸟的背有泰山那样雄伟，飞起来的时候，翅膀可以遮天蔽日。有一次，大鹏鸟向南飞去。它在南海海面上击水而行，一下就是三千里。它向高空飞去，就能卷起一股暴风，一下子就飞出九万里。它一旦起飞，要过半年才能飞到南海休息。当它在高空飞行的时候，背靠青天，踏着云层。

生活在山林之间的那些小燕雀，看见大鹏鸟飞这么高，这么远，感到很不可思议，于是说："我们往上飞，只不过飞几丈高就差不多了，最高也就飞过树梢。大鹏鸟为什么要飞到九万里以外的远方呢？"

讲完故事后，他又深有所感地说道："嗟乎！燕雀安知鸿鹄之志哉！"

有志者终成大事。没多久，陈胜便在大泽乡发动了推翻秦朝的农民起义，以自己的实际行动，证明自己是有大志向的人。最后的成功者都让世人看到他们当年的梦想不仅仅是说大话，最后都能让人们见证他的宏愿和决心。就是因为有梦想，人才会有追求，才会有进步。

原文

孔门教人，莫大于求仁，而其最切者，莫要于欲立立人、欲达达人数语。立人达人之人，人有不悦而归之者乎？（《曾文正公全集》）

译文

孔子的儒家学派教育子弟，大都要求子弟要讲究仁爱，而讲究仁爱最根本的，就是要想成就自己首先就要成就他人，要想富贵自己首先就要富贵他人。能够成就他人富贵的人，人们哪会有不心悦诚服地归顺于他的呢？

解读

在中国古代，“立”和“达”是两个很典型的人伦标准，所谓的“立”就是完全能够养活自己，并能处理各种情况，所谓“达”就是能将自己的设想和理想付诸社会，让自己无偿援助得到认可。相对而言，古人更重视“立”一些，因为能立则能达，不能自立，就没有“达”的可能。

单独的个人需要自立、自达，而管理者要立，要达，就得立人，达人，众人拾柴火焰高，管理者是需要别人帮衬才行的，帮助下属“立”，那自己的团队也就能“立”，并能达至“达”的阶段。如果管理者尽是为一己私利，只顾自己“立”不“立”，那其实他的团队永远也“立”不起来。

经营事业就好比是在搭建一个舞台，要想使自己有立足之地，就需要邀请更多志同道合的人登上舞台，一起呈现精彩，这才是管理者真实的使命所在。

案例

景公观雪

在中国古代的思想中，一个人的立身标准就是“立”和“达”，“穷则独善其身，达则兼济天下”是最直观的说明，无论是个人还是管理者，都需要自立、自达。只有这样，才能成就自己，也成就他人。

在春秋时期，有一年冬天，齐国下着大雪，一连三天三夜还没停下来。

齐景公当时在皇宫内披着一件厚实的狐腋皮袍，坐在厅堂内欣赏着这漫天飞舞的雪景，觉得这番景致非常新奇，心中还祈祷上天再多下几天，那样景色就会更加漂亮。

晏子这时走了过来，也站在景公的身边，若有所思地望着外边翩翩飞舞的白絮。景公说：“这雪一连下了三天，天气还是一点都不冷啊，我怎么觉得像春暖的时候一样呢！”

晏子看了一下景公，他的皮袍裹得紧紧的，又待在室内，于是就有意追问道：“您真的不冷吗？”景公点了点头。

晏子知道景公没有明白他的意思，就直接说：“我听闻古之贤君，自己吃饱了饭还会想到是不是有人饿着；自己穿得暖是不是还有人冻着；自己安逸了是不是还有人累着。但是，如今您怎么都没有去考虑别人的感受啊？”景公被晏子这么一说，非常惭愧。

作为一位君主或者一位领导者就应该有凡事为人着想的胸怀，众人拾柴火焰高，管理者是需要别人帮衬才行的，而用人高手曾国藩就一直在践行儒家的“立人达人”之“仁道”，而且他还叮嘱他的弟弟及同僚也要这样做。曾国藩的幕僚曾经说：“在军营里，每次听到曾国藩谈到收复安庆的事，他总是说这是胡林翼的筹谋划策，多隆阿的艰苦战斗；谈到后来攻下金陵，则又说是各位将领的功劳，从来没有说是他或者他的弟弟曾国荃；谈到僧格林沁进攻捻军的时候，称赞他能吃苦耐劳，说自己还不如他的十分之一二；谈到李鸿章、左宗棠时，说他们是一代名流，青出于蓝而胜于蓝”，这些都是实实在在的，能从他的奏折和信函中看出来。

仁者需要将心比心，为对方设想，善待人家，希望别人变好，自己愿意把好事与人分享，乐善好施，成人之美，正是所谓“推己及人”、“己立立人，己达达人”。

原文

千古之圣贤豪杰，即奸雄欲有立于世者，不外一勤字；千古有道自得之士，不外一谦字。吾将守此二字以终身，傥所谓朝闻道夕死可矣者乎！（《曾文正公全集》）

译文

古往今来，圣贤豪杰，哪怕奸雄，只要想自立于世，不外乎也是一个“勤”字。能够通晓千古的真理大道的，不外乎一个“谦”字。我将终身遵守这两个字来行事，就是所说的“早晨听到了人间至理真谛，晚上死了也值得了”呀！

解读

成亦平常，败亦平常，其中的道理有多少人能明了，又有多少人能亲身实践呢？

名利荣辱，容易使人动心，动心则容易使人全力追求它们，最终为它们所害。而在名利荣辱面前，始终能保持一颗谦和平常的心则能让自己更受人尊敬，更能保全自己。

大凡获得真正胜利的人，他的功业已昭然在人耳目中，无待自己表扬，所以态度反而谦逊恭敬。如果所得胜利实无足称，但唯恐别人等闲视之，故不得不刻意炫耀。所以妄自尊大的人，就算胜利，也定属浅薄可鄙之辈，而且最后也绝不能成功。

管理者始终要懂得告诫自己，自古名利太过都是祸害，与人分享才能与人共处。曾国藩在后期，正是凭着这样一种表面自谦，与人为善的伪面，才使他晚节得保，并在韬光养晦之中达到了最高峰的。

案例

韩信之死与张良之隐

面对名利，有些人费尽全力去追求，耗尽一生的心血，最终还被其所害，而有些人能够保持一颗淡泊的心，淡然处之，最后让自己全身而退，保留一段荡气回肠的回味。

同为刘备打下大汉江山，成为汉初三杰的韩信与张良在汉朝建立之后，落了两个不同的下场，一个被杀，一个退隐，这个主要看两人对于名利的一个态度了。

当年韩信投奔刘邦之初，没有得到重用，幸好萧何月下追韩信，才改变了布衣韩信的命运，从此用自己的智谋浴血为汉家逐鹿，匡定天下。

后来韩信被刘邦封为楚王，就被这富贵迷失了心智，就这样被政治家的利惑陶然。但是刘邦后来又忌惮他的能力，将他降为淮阴侯，韩信对此非常不满，总是发牢骚，常常装病不参加朝见或跟随刘邦出行。在家中闷闷不乐。对于和绛侯周勃、颍阳侯灌婴等处在同等地位感到羞耻，并且他还当着很多人的面羞辱刘邦。

有一次，刘邦悠闲地和韩信谈论各位将军才能的高下，认为各有长短。于是问韩信："像我的才能能统率多少兵马？"韩信说："陛下最多能统率十万。"刘邦说："你呢？"韩信回答说："我是越多越好。"韩信就是没有谦让之道，又对名利看得太重，到处夸耀自己的功劳和能力。

最后，萧何与吕后合谋，趁刘邦出兵平叛时，将韩信骗到未央宫杀害了。韩信居人臣之位，戴震主之威，所以韩信只有死路一条。

而刘邦的谋士张良才气过人，为他出谋划策，立下了不可磨灭的功劳。汉王朝建立后，张良以"运筹帷幄之中，决胜千里之外"的功绩被封为留侯，继续为汉王朝的巩固而效力。

但是他看到了韩信，英布和彭越等先后被杀，十分心寒，于是辞官而去，他借用素来体弱多病的托词，随着刘邦皇位的渐次稳固，张良逐步从"帝者师”退居“帝者宾”的地位。同时放弃那些王侯利禄，不留恋权位，这说明张良深知能屈能伸的做人之道。

同为大汉的风流人物，但是下场迥异，只有谦虚谨慎，与人为善，韬光养晦，才能全身而退，使成就达到最高峰而不致毁灭。

原文

凡事后而悔己之隙，与事后而议人之隙，皆阅历浅耳。(《曾文正公全集》)

译文

凡是在事后悔恨自己的过失，以及在事后议论别人的过失，都是因为阅历太浅的缘故。

解读

一个人知道自己有了过失，就应当立即承认和改正，而没有丝毫的掩饰之心，切莫到事后再去追悔。那时恐已太迟矣。

一个人也不要老是在背后议论他人，凡喜欢事后议人过失、短长的人，都是涉世未深，不能忍口的表现。

相反，我们应该坚持在背后说人好话。在背后说别人的好话，能极大地表现你的“胸怀”和“诚实”，有事半功倍的效用。因为在背后说别人的好话，会被人认为是发自内心、不带私人的动机的。其好处除了能给更多的人以榜样的激励作用外，还能使被说者在听到别人“传播”过来的好话后，更感到这种赞扬的真实和诚意，从而在荣誉感得到满足的同时，增强了上进心和对说好话者的信任感。

在管理者评价下属的工作时，也可以使用此法。例如让下属的顶头上司说句好话，或故意在下属的妻子和朋友面前赞美他，这些方法都能收到相当好的效果。

案例

负荆请罪

中国有句话叫做"静坐常思己过，闲谈莫论他非"，就是说对待别人的错误，不要总是在身后指指点点，议论他人的过失和长短，这就是不会做人的表现，我们应该在背后肯定别人的能力，那种发自内心，不求好处的表扬有时候充满了力量，能起到很好的促进作用。

在战国时期，秦赵两国国君渑池之会以后，由于蔺相如在会上不卑不亢、维护国家尊严、机智勇敢、不辱使命，功劳很大，被赵王封为上卿，位在廉颇之上。

这时廉颇就不高兴了，对身边的下属说："我是赵国的大将军，攻城的野战无人能及，这是他蔺相如能做到的吗？他只不过是靠能说会道立了点功，就得到了高官侯爵，地位还在我之上，况且相如本来就是个平民出身，我为此感到羞耻啊！位列他下面我难以忍受。"并且扬言说："只要我哪天遇见了相如，一定要他好看。"相如听到这话之后，一直躲避着，没有和他相会。每次上朝的时候，也常常推说有病，没有去朝堂之上和廉颇争位次的先后。过了一段时间，相如外出，老远看到廉颇，就马上掉转车子回避。

这时蔺相如的门客就看不下去了，一起来到他面前直言进谏："我们所以离开亲人来侍奉您，就是仰慕您高尚的节义呀。如今您的官位还在廉颇之上，就因为廉老先生说了几句话，就把您吓成这样，四处躲避他，您是不是显得太懦弱了呢，就算是个平庸的人也会不好意思，何况您还是当朝的宰相大人呢！我们这些人都没用，请您让我们告辞吧！"

蔺相如坚决地挽留下他们，很真切地跟他们说："诸位觉得廉将军和秦王相比，谁更加厉害些？"门客回答说："秦王厉害。"相如说："那么，就算是面对强势的秦王，我还是敢在朝廷上呵斥他，羞辱他的群臣，我蔺相如就是再没有本事，难道会怕廉将军吗？只是我觉得，如今我们面对强秦，之所以能不被攻打，就是因为我和廉将军的缘故，假如我们两虎相斗，那么得好处的只是秦国而已，所以我选择忍让，就是因为国家的急难就摆在面前啊，个人的私怨又算得了什么，何况，廉颇老将军也是通情理之人，不要太较真了。"

廉颇听了这些话之后，马上脱去上衣，露出上身，背着荆条，来到蔺相如的门前跪着，向他请罪："我就是一个目光短浅的武夫，没想到将军您待我如此宽厚啊！"

后来，二人相互交欢和好，成为生死与共的好友。就是通过这样私下的赞扬而不是攻讦，不仅将事情处理好了，还收获了对方的真心以待。

原文

李忠武公续宾，统兵巨万，号令严肃，秋毫无犯，湖南湖北安徽江西浙江等省官民，无不争思倚重。其临阵安闲肃穆，原重强固，凡遇事之难为，而他人所畏怯者，无不毅然引为己任。其驻营处所，百姓欢悦，耕种不辍，万幕无哗，一尘不惊。非其法令之足以禁制诸军，实其明足以察情伪，一本至诚，勇冠三军，屡救弁兵于危难。处事接人，平和正直，不矜不伐。（《曾文正公全集》）

译文

忠武公李续宾统兵上万，号令严肃，所过之地秋毫不犯，湖南湖北安徽江西浙江等省的人民，没有不想依靠他的。李续宾临阵时安详严肃，镇定自若，碰到别人都不愿意去做的难做之事，他都会毅然引为己任。他的军队扎营之处，百姓欢乐，不妨碍耕种，军营不喧哗，不惊扰地方。这不是因为他靠法令来约束部下，而是靠他的明察秋毫。他做什么事都是凭借自己的至诚之心，其勇武冠绝三军，常常从危难中解救士兵。他待人接物时，也平和正直，不骄不矜。

解读

在封建社会里，很多当权者把劳动人民的血汗榨取为己有，任意挥霍，以满足自己的物欲，因而引起劳动人民的愤慨和不平。正是由于封建统治者毫无节制地榨取民脂民膏，又毫不吝惜地饕餮浪费，才促使了劳动人民的反抗。

在这种情况下，一个节俭克己的封建领袖人物是很容易得到劳动人民的信任和爱戴的。封建时代如此，现在也是一样，注意节俭，无论在工作还是生活方面，都能勤俭自律的人，也很容易赢得别人的尊重。

要树立一个英明领导的形象，还要注意自身作为。事实上，领导者所负有的责任更像一面旗帜，指引方向，激扬士气，团聚力量，而不是事必亲躬。但如果这面旗子无精打采，毫不起劲，飘一阵儿是一阵儿，那就只会起到反作用。如何使自己的形象像面旗帜一样永远在下属们心中猎猎飘扬，这就需要领导者要有一颗对别人的至诚之心，待人接物时也能平和正直。

作为一名领导者，能够时刻严格要求自己，虽然是一件不容易的事。但也只有这样，才能得到别人的敬重，也能为别人做好表率。人人端正自律，万众一心，必能众志成城！

案例

身先士卒李世民

一个英明的领导者，肯定会注重自身的修养，能成为下属效仿学习的榜样，同时，能够急下属之所急，想下属之所想，如同一面旗帜，指引着整个团队前进的方向，激昂士气，聚拢人心。

在大唐的建立过程中，李世民是起核心作用的将军，他在初唐统一战争的历次战役中，一直冲锋在前、身先士卒，所以他带领的唐军战斗力都非常强，甚至可以以三千五百人打败窦建德的十万人，当时双方的人数差了二十八九倍，这在历史上是一次很有名的以少胜多的战役。窦建德之所以失败，也并不冤枉，因为他无论在战略上还是战术上，都要逊于李世民。当时李世民之所以敢以少对多，就是看准了窦建德的军队素质不高，不管是胆量，还是纪律，都比他手下的唐军弱很多，所以大战一开始，李世民就身先士卒，率领了一只劲旅，一下就把窦建德大军的大旗给砍倒了。这时窦建德的军队全部乱套了，看到帅旗倒了，就全部溃败，根本就不用打就败了。李世民这一仗俘虏了五万人，包括主帅窦建德都被李世民抓住了。

而在同王世充的对阵中，李世民令秦叔宝、程知节、尉迟敬德、翟长孙分别统率骑兵轮番向敌阵发起冲击，而他本人轮番参加每一次冲击，并亲自做前锋。

就是因为他总是身先士卒打头阵，有一次，差点丧命，他当时带领五百骑兵巡视前方地形，结果被王世充的骑兵包围。敌将单雄信挺槊直取李世民，幸亏尉迟敬德跃马而出，将单雄信刺落马下，才掩护李世民突出了重围。

还有一次，李世民与刘黑闼交兵，李世民只带尉迟敬德一员大将和几个士兵去诱敌，刘黑闼几千骑兵追杀过来。李世民善骑射，毫无惧色，他亲手射死一员敌将和几个士兵。尉迟敬德也杀了十几个士兵，居然吓得几千骑兵不敢再追。

作为全军的统帅，李世民几乎每战都身先士卒，带头冲锋，这就大大地激励了全军将士的杀敌士气，个个奋勇争先，为夺取作战胜利提供了保障。

领导者就是要像旗手一样，努力、正直，成为表率，才能赢得下属的尊重，这样下属才能尽忠尽责，才能锻炼出一支众志成城的队伍。

原文

若在上者不自咎其才德之不足以移人，而徒致慨上智之不可得，是犹执策而叹无马，岂真无马哉！(《曾文正公全集》)

译文

如果当领导的不自己责备自己才德的不足来使精神情志发生改变，而只是去感叹得不到具有大智慧的人才，就好比是只拿着马缰而去叹没有马，难道是真的没有马吗?

解读

“千里马常有，而伯乐不常有。”作为一名合格的领导者，就要有伯乐识别“千里马”的眼力和能力，要能经常反省自己的不足，修炼识别人才的能力，而不是天天感叹没有人才围绕在自己身边。

领导者只有善于发现人才，并能使之为我所用，才是合格的领导者。21世纪最主要的竞争是人才的竞争，只有具备伯乐的眼力，才能把更多的人才，招到自己旗下，从而在激烈的竞争中处于不败之地。

“伯乐”之所以能知人，是因为勤于知人。领导者要经常性地对接触过的人加以判断、评价，这样才能正确地评判身边的人和事。

而且作为领导者，不仅要吸收大量的优秀人才，还要建立自己决策和规划的核心“智囊团”。这一点，无论在政府决策，还是企业管理当中都得到很好的实践证明，组织一个核心的“智囊团”对于政府和企业的决策是十分必要和很有作用的，可以在很大程度上提高办事的效率。换句话说，一个政府或企业核心“智囊团”的水平决定了这个政府办事水平及企业的生命力和竞争力。这就更需要领导者要有“伯乐”的眼光了。

案例

秦穆公慧眼得英才

真正的人才如同千里马一样难寻，但是也如同千里马一样，需要伯乐的赏识，否则也终究被浪费，好的领导者就是能慧眼识英才，吸引各种优秀的人才，建造自己的智能团队，而伯乐的眼光往往决定了这个团队的质量与水平。

在战国时期，七国争雄，各国都网罗天下英才，但是有时候，假如君主不识人的话，就算真正的人才到了眼前，也会视作渣滓，不屑一顾。只有真正的明君才能重用人才。

百里奚是春秋时期的楚国人，是我国历史上著名的政治家、思想家和军事家。但是他效力的地方不是楚国，而是秦国。

生活在群雄逐鹿，血流漂杵的社会大动荡大变革时期的百里奚，饱读诗书，但是生不逢时，在各国转来转去，没有哪个国家真正地用他，反而被当作奴隶，被四处转卖，最后他找机会逃回了楚国。因为他擅长养马，所以楚成王给他一个弼马温的职务，终日在楚国的山野之中牧马。

当时刚当上秦国国君的秦穆公，名字叫任好，是一位胸有大志的国君，从谋士那听说了百里奚的才干，非常想纳为己用，于是打算用重金到楚国赎回百里奚。秦穆公的谋臣公子絷阻止说：“君上，不可用重金赎他，因为楚成王不知道百里奚的才能，所以才让百里奚养马。假如用重金赎他，那不就等于告诉楚国百里奚是大才吗？”

秦穆公问：“那我如何得到百里奚呢？”

公子絷说：“您可以贵物贱买，用一个奴隶的市价，也就是五张黑公羊皮就可以换到百里奚，这样的话，楚成王不会有任何怀疑了。”

于是秦穆公照做，很容易就换来了百里奚，等他被押回秦国后，秦穆公亲自接见了他。百里奚说：“我是亡国之臣，不值得国君垂询！”

穆公说：“虞君当年不用你，才使国破家亡，让您被掳，但这可不是您的过错。”

于是秦穆公亲自解除了他的奴隶身份，并授予他官职，讨教国家大事。有时一谈就是三天，言无不合。穆公十分高兴，最后拜其为上大夫，军国大事都由他决断。在任秦国上大夫期间，他辅佐秦穆公倡导文明，增修国政，实行“重施于民”，让人民得到更多好处的政策，使秦国由一个西陲小国，变成威震天下、“八方来朝”的春秋五霸之一，也为秦国最终统一中国的千古基业奠定了牢固基础。

真正的人才放在不合适的地方，和一块石头差不多，但是被明主遇见，那么就如同美玉，熠熠生辉。看来，伯乐的眼光对于人才来说，实在是太重要了。

原文

胸怀广大，须从平淡二字用功，凡人我之际，须看得平；功名之际，须看得淡，庶几胸怀日阔。(《曾文正公全集》)

译文

胸怀广大，只有从平淡这两个字上下功夫，与人交往，要有平常之心，对于功名，要看得淡，这样胸怀就会日渐开阔。

解读

领导者如果一味贪功，一心只想着个人的升官发财，如何能让下属效力呢？所以领导者在带领团队时，一方面要力争上游，但同时也要把功名利禄看淡，静下心来，修炼自我，磨砺意志。

富贵无意，荣辱不惊，厚德积福，逸心补劳。凡事超然物外，凡事看淡，这是大智慧。可以将功名利禄置之度外，将世间的所有看淡。或金钱，或名利，都抛之度外。这是领导者应该具有的气度和境界。

平平淡淡才是真，工作如此，做人也是如此。不为功名，才能凝聚人心，不贪功名，才能让自己更进一步。功名心太重的人最终都会为功名所累，阻碍了自己前进的脚步。

案例

庄子垂钓

作为一个领导者，如果天天较真于荣辱得失，一味追求富贵功名，不管手下的死活，那如何以德服人，让自己的下属效力，怎会凝聚人心，成就事业。

只有那些平平淡淡，荣辱不惊，看破名利权贵的人才能得到真正的大道，成就自我。

庄子就是一个淡泊名利而又名垂千古的大贤。他曾钓于濮水，当时的楚王知道之后，决定以高官厚禄邀请他来为楚效力，于是派了两位大夫前去拜见。问他：“先生是否愿意来我们楚国操操心呢！”庄子当时持竿不顾，濮水的清波吸引了他，他无暇回头看身后的权势。他那么不经意地推掉了在俗人看来千载难逢的发达机遇。他把这看成了无聊的打扰。他只问了两位衣着锦绣的大夫一个似乎毫不相关的问题：“我听说你们楚国有一只神龟，已经死了三千年了，你们楚王用精致的竹箱把它装起来，放在庙堂之上。你们说说看，对于这只神龟来说，它是愿意用死来换取这死后的名声呢？还是愿意拖着尾巴在泥巴里自由地活着呢？”这两位大夫说：“宁愿拖着尾巴在泥巴里自由地活着。”庄子说：“你们回去吧，我就愿意拖着尾巴在泥巴里自由地活着啊。”

庄子当时面临着这样一个选择：一边是清波粼粼的濮水以及水中从容不迫的游鱼，而另一边是楚国的官位——这两者之间差异巨大，按理来说一般人会毫不顾忌地选择后者，高官厚禄不是士人们梦寐以求的吗！而楚威王大概也知道庄子的脾气，所以提到了操劳，只是庄子讨厌这种操劳。真正有多少人在这种操劳中体味到权力带来的充实感和成就感呢？

这个故事真实地反映了庄子的心灵。这种淡泊名利的人，往往能得天下万物之大道，出则为可为帝王师，有经天纬地之才，退则能参悟万物，为世人做文章，开启民智，都是了不起的，这也体现了庄子超凡脱俗的大智慧中生长出来的清洁的精神，这种清洁的精神滋养出拒绝诱惑的惊人内力。

庄子的这种坚持，能让人看到人类的精神可以达到的高度，更提醒领导者：精神是有贞操的，对精神操守的把持，能让人更进一步，不会为功名所累，终究会成就自我。

原文

凡办大事，以识为主，以才为辅；凡成大事，人谋居半，天意居半。（《曾文正公全集》）

译文

凡是办理大事，以胆识为主，以才能为辅佐；凡是成就大事的条件，人为的谋划只居其中一半的机会，另一半则需要仰赖天意。

解读

办理大事，胆识很重要。有胆识才可能成为最后的赢家。

世界上的很多事情都有风险，风险许多时候也是躲避不了的，有时候是躲避了小风险又会酿成大风险。蹩脚的决策者遇到风险时胆战心惊，想方设法绕开去，最终又躲避不开。而有胆识的优秀的决策者却会适度地加以运用，结果不仅保证了组织，还促进了组织的发展。所以，如果一个人有胆识，加上他固有的智慧，那他就很有可能走在别人的前面。

至于成就大事，那就需要“谋事在人，成事在天”了。成大事中，人力与天意各占一半，任何人都不要操之过急，代天主张。这就好比古代的考场，如何发挥是人谋，但考官的取舍，科名上榜的迟早，这都是天意。如果因为天意难以预测，而去求神许愿，行贿枪手，或是作弊等等，都是没有见识的行为，最终可能会让你付出比这更为惨痛的代价。“三分天注定，七分靠打拼”，我们应该努力地去打拼我们能够努力的那七分，剩下的三分就交给上天来决定好了。

案例

诸葛亮火烧上方谷

古往今来，成大事者一般都会感悟到“谋事在人，成事在天”，天助之，成大业，天逆之，那就无可奈何了。但是，在管理的过程中，对于一个领导者来说，不能将一切都归咎于天意，因为有时候人定胜天，自助者天助之。

在三国时期，蜀汉之间的争战到了白热化的状态，诸葛亮六出祁山，和东吴配合，一起攻打魏国，当时魏国由足智多谋的司马懿做主帅，司马懿经过和诸葛亮的数次交锋深知他的厉害，而且魏主也下旨命司马懿坚守不战。于是两军便在渭南相持着。但是对于远道而来的诸葛亮来说，这样的消耗承受不起，于是他设连环妙计令魏延一路溃败，将司马懿诱入上方谷内，当然，司马懿也不是等闲之辈，他当时看清只有魏延一人才放心追杀，到达时发现谷内并无伏兵，山上皆是草房。此地虽是隘地，但诸葛亮并无克敌制胜条件，所以放心进谷烧粮。有马谡失街亭为例。可他千算万算，没算到条件是可以创造的，诸葛亮利用干柴、地雷、火箭，利用火攻，创造条件，以弱制强。然后用事先准备好的落石干柴截断谷口，谷中埋入火药硝石，谷两侧布满伏兵。

等司马懿率部进入谷内之后，只见谷内硝石火药齐发，大火冲天，好像火海一般，司马懿面对这样的变故，一时间也没有法子，最后只能抱住两个儿子司马师和司马昭泣曰：“吾父子三人皆死于此处也”。

正当司马懿进退维谷，面临灭顶之灾时，突然谷内狂风大作，阴云密布，雷声四起，没多久，骤雨来临，顷刻间浇灭大火，司马懿死里逃生，连呼“苍天有眼，天助大魏”。谷上的诸葛亮只得感叹道：“谋事在人，成事在天，不可强也。祁山整整九个月不曾下雨，今日为何暴雨倾盆啊？！天不助我助尔曹！我北伐十年，六出祁山，今日把司马懿逼入绝境，但这场大雨救了他，害了我呀！”诸葛亮剧烈地咳嗽，吐血倒下，不省人事。”司马懿就此逃脱，才有了后来的晋朝司马天下。

诸葛火烧司马懿的故事就说明了“尽人事，待天命。奈何，苍天助曹不助汉。”

葛亮火烧司马懿不成后，司马懿烧断浮桥，以渭河为界，在北岸扎寨。司马懿曰：“孔明若出武功，依山而东，我等皆危矣；若出渭南，西止五丈原，方无事也。”但是诸葛亮还是屯五丈原，没有很好地理解围地则谋。诸葛亮用兵虽善于审时度势，但决不冒险硬拼。这是他的用兵所长，也是其用兵之短。

所以，办理大事，还是需要胆识。有胆识才可能成为最后的赢家。再加上一点天助，大事可成。

原文

说话不中事理、不担斤两者，其下必不服。(《曾文正公全集》)

译文

说话没有条理，无法承担重任的将领，属下必然不会服气。

解读

管理者最好是能力戒浮华，言辞要有条理。不需要你能多巧言令色，即便你不会说话，但能把条理阐明清楚就行，这是领导者必须具备的素质之一。言语浮华的人容易混淆是非，所以话少而又条理清晰之人最堪大用。

领导者当然也要能担起重任。回避责任，是领导者千万不可做的事情。责任，乃是领导者应付的代价，如果领导者不肯付出此种代价，对参与的任何事情不敢承担责任，那我们也就没有必要挑选一个领导者了。凡是伟大的领导者，都随时准备为他自己所做的一切承担责任，而且时时刻刻都敢于承担部下的责任。

一般的人总是喜欢回避责任，总希望把责任推给大家，这证明他们实际都是胆小而懒惰的，当他们推举一位领导者的时候，也就把那些本该属于他们自己的责任推给这位领导者了。最后就只剩下一个理由了，那就是大凡杰出的领导者，无一不是一个勇者。这就需要有常人所没有的勇气。这种勇气，不只是匹夫之勇，而是精神之勇。

案例

秦穆引咎自责

凡是英明的领导者，无不是敢于担责的，因为部下有时候犯的错，可能就是领导不力造成的，唯有对自己进行深刻反思，不逃避责任的领导者才能得到下属的信任和支持。担责是一种勇气，是一种精神上的勇气。

在春秋中期，秦穆公即位，以贤明著称，重用百里奚、蹇叔等一批贤臣，国势日盛，已有竭力图谋向东发展，图霸中原之意。但东出道路被晋所阻。而且秦国与晋国一直就交好。

有一次，秦穆公得知郑、晋两国国君新丧，穆公向大夫蹇叔征求意见。蹇叔说："我们的疲惫之师远道奔袭，这是我从未听说过的。而且跨越千里去袭击别人，人家难道会不知道？而我军长途跋涉，精疲力尽，人家一旦有所准备，是不会成功的。但袭击郑国对于秦穆公来说诱惑力很大，于是，穆公不听大臣蹇叔等劝阻，执意要越过晋境偷袭郑国。命令百里孟明视、西乞术、白乙丙三帅率兵东进。

孟明视乃百里奚之子，白乙丙乃蹇叔之子。出师之日，蹇叔与百里奚号哭而送之曰："哀哉，痛哉！我们能见到你们出师，但是会见不到你们回师啊！"穆公闻之大怒，使人谓二臣曰："你们二人为何哭哭啼啼，扰乱军心？"蹇叔、百里奚一起说："我们做臣子的怎么敢哭君上的大军？我们只是为我们的儿子哭泣啊！"

十二月，秦将孟明视、西乞术、白乙丙率军穿越崤山隘道，偷越晋国南境。偶然遇到郑国商人弦高赴周贩牛，弦高断定秦军必是袭郑，于是假借郑君之命，犒劳秦师。孟明他们看到弦高犒师，觉得郑国应该有防备了，于是没有再前进，灭掉滑国就回去了。

当时晋国得到了秦师返归的情报，于是秘密赶至崤山，埋伏于隘道两侧，偷袭秦军。当时秦军东出途中没有遇到任何抵抗，军队傲慢松懈，孟明视没有做任何防范，率军径入崤山。晋军见秦军全部进入埋伏区，突然发起猛攻，晋襄公身着丧服亲自督战，全歼秦军，俘孟明视等三将。

但是晋王释放了三将，让他们回秦国受死。但是秦穆公没有杀他们。

等他们三人回来的时候，秦穆公穿着白色的衣服亲自到郊外等候，对着被释放回来的将士哭着说："是我违背了蹇叔的劝告，让你们受了委屈，这是我的罪过啊。”没有撤换孟明视的职务。他又接着说:“这是我的错误,大夫有什么罪啊!况且我不会因为一次过失而抹杀他的大功劳。”

秦穆公充分地认识到了自己的决策失误,是导致这次战争失败的主因,他将责任都揽在了自己的身上,得到了部将的忠心和士兵的军心,也得到了朝中大臣们的支持。这为之后的秦晋战争的胜利打下了坚实的基础。

原文

立身处世之八本：读古书以训诂为本，作诗文以声调为本，事亲以得欢心为本，养生以少恼怒为本，立身以不妄语为本，居家以不晏起为本，居官以不要钱为本，行军以不扰民为本。（《曾文正公全集》）

译文

立身处世的八个根本道理是：读古书要以了解词义为根本，创作诗文要以调整声调为根本，奉养双亲要以使他们高兴为根本，养生要以少生气为根本，做人要以不随便说话为根本，在家里要以不晚起为根本，做官要以不贪财为根本，带领军队要以不干扰百姓生活为根本。

解读

这是曾国藩的“八本”学说，而这“八本”也是曾国藩家庭教育的精华，他也多次以这“八本”来训勉家中的晚辈。

“八本”前四条讲了读书和养生的要义，证明曾国藩对读书和养生的重视。第五条是“立身”。孔子言“人而无信，不知其可也。”一个人平时胡乱说话，就难以使人相信，就会遇上许多挫折，所以应“不妄语”。第六条居家不晏起，是说在家里不能太晚起来，要坚持早起。

第七和第八条说的是居官和为将的道理，岳飞曾言：“文官不爱钱，武官不怕死，则天下平矣！”纪律严明的岳家军以“冻死不拆屋，饿死不掳掠”著称，因此赢得了人们的广泛爱戴，至今不朽。所有现代为官或掌权者，以及公司管理者也应如此，做到不贪财，不贪功，不扰民，不给下属过多地制造麻烦，那你才能给自己打下稳固的基础。

案例

戚继光治军严明

对于一个成功的管理者来说，除了对于自身素质的修养之外，还需要对手下赏罚分明，带队伍纪律严明，做到不贪财，不贪功，不扰民，这样的队伍，才能干大事，成大业。

明代东南沿海倭寇横行，打劫村民，无恶不作，当时，出现了一名传奇的抗倭英雄，随着他一起扬名的还有他领导的军队——戚家军，当时戚家军在闽、浙、粤沿海诸地抗击来犯倭寇，历十余年，大小八十余战，最终扫平倭寇之患。

这支队伍就是由戚继光领导的，他少时好读书，通经史大义。嘉靖二十三年袭父职为登州卫指挥佥事。当时浙江多被倭患，但是原有的军队素质低下，战斗力弱。戚继光于是招募相当彪悍的农民和矿徒，组成新军。严明纪律，赏罚必信，并配以精良战船和兵械，精心训练；他还针对南方多湖泽的地形和倭寇作战的特点，审情度势，创造了攻防兼宜的“鸳鸯阵”战术，以十二人为一队，配以盾、枪、叉、钯、棍、刀等长短兵器，根据敌人的情况及地形的变化而变换队形，灵活作战。每战多捷，世人誉为“戚家军”。

当时戚继光军令严明，有一次，他的舅舅恃长辈的身份，不肯听从戚继光的号令，违反军纪。戚继光秉公处理，按照军法，当着军中将士之面，严厉审问和惩罚了亲舅。当天晚上，他又把舅舅请来，跟他说：“你是长辈，按辈份来说，我不可处罚你。但是在军队里必须讲军纪，假如没有严明的纪律，那么戚家军就不会存在了，所以请你谅解。”他的舅舅非常感动，之后一直遵守戚家军的纪律。

还有一次，戚继光率领戚家军在海门一带抗倭。当时大概有三千名倭寇在海门沿海上岸，准备去临海、仙居一带抢劫。戚继光命令他的儿子戚印领兵在双港与城西交界的花冠岩一带埋伏，当时他出兵佯败，把倭寇引到上界岭，计划等倭寇全部进入包围圈后，再进行两军夹击，一举全歼。但是戚印年轻气盛，还没等倭寇全部进入包围圈就下令冲锋了，结果让一部分倭寇逃跑了。

戚继光回营之后，对违反军令的戚印问罪，命令推出去斩首。当时他的手下陈大成等将领跪在地上请求从宽处罚。但是戚继光没有答应，他说："我作为主帅，假如我的儿子犯了军令没有处罚，那么我怎么带兵？军中的命令还有谁去执行？"于是，戚印被按军令斩杀。

所以，后人评论道：明之戚继光，经文纬武，谋勇双全；能得人，能知人，能爱人，能制人；省天时之机，察地理之要，顺人和之情，详安危之势。凡古今之得失治乱，阵法之变化周密，兵家之虚实奇正，器械之精粗巧拙，无不洞识。

原文

做官之人，终身涉危蹈险，如履薄冰，故不能不自省，察人。(《曾文正公全集》)

译文

做官的人，一生都在危险里边跋涉，就像在薄薄的冰面上行走一样，因此不能不时刻进行自我反思与观察别人的反应。

解读

居上者做事，要把谨慎看成是第一要务，正如古语所说："防患于未然"，不管在上者做什么事情，鲁莽都是大忌，万事还是要小心为好。"言多必失"，有时一言不慎就会给自己招来祸端。与其以后招来麻烦，授人以柄，还不如现在就谨慎从事，谨言慎行呢。

居高位之人，一定要注意群众的基础，僚属的评价会对你以后的事业起着决定性的作用，事关你的前程。尤其是人言可畏，在上者更是不可不省，要对自己的行为特别小心，也要对自己的言语特别小心，以免造成不必要的麻烦。

从古至今已有无数事例证明：居上者以谨慎为怀，这是很多人免于失败的重要原因。

案例

小聪明害死杨修

“伴君如伴虎，刻刻要当心”，在官场之中，一步不慎，就会如临深渊，所以，凡是处于关键位置的人都要谨慎，在言行之上必须小心，否则就会带来灾患，甚至还有丢失性命的。

在曹操的手下，有一个绝世天才杨修，这个人能揣度曹操的心意，也得到了曹操的信任和重用，但是他也仗着自己是天才，为人狂傲。

有一次，曹操率部和刘备作战，但是去路被马超拒守，所以他打算收兵回都，可又怕被蜀兵耻笑，心中犹豫不决，当时伙夫正端着鸡汤来给曹操食用，看到碗中有鸡肋，曹操感到有点搞笑，正在思考的时候，夏侯惇入帐来问夜间的口号。曹操随口答道：“鸡肋！鸡肋！”夏侯惇于是传令众官，今晚值班口号为“鸡肋！”

行军主簿杨修，听到传“鸡肋”二字，于是安排身边的士兵收拾行装，准备撤兵。这时有人报告给夏侯惇。夏侯惇也大吃一惊，于是去杨修那问道：“您为何收拾行装啊？”杨修说：“我听到今夜的号令，知道魏王有退兵回都的打算。鸡肋，鸡肋，食之无味，弃之可惜啊。如今我们兵不能进，退兵又让人耻笑，但是来日魏王必然班师还朝。因此我先收拾行装，免得走时慌乱。”夏侯惇说：“先生真是对魏王了如指掌啊！”然后也回去收拾行装。于是军营中的诸位将领都准备回朝。

当晚，曹操心烦意乱，睡不着觉，于是去军营四周转了转，忽然发现夏侯惇营内的士兵都在准备回程的行装。曹操大惊，急忙召来夏侯惇问是何原因。惇回答说：“是主簿杨祖德知晓了大王班师的意思。”曹操于是把杨修叫去，杨修用鸡肋的含义回答。曹操大怒说：“你竟然敢乱造谣言，乱我军心！”便叫刀斧手将杨修推出去斩了，将他的头颅挂于辕门之外。

曹操杀杨修，其实忍了很久，因为杨修一直依仗自己的才能而对自己的行为不加约束，经常犯了曹操的大忌。有一次，曹操建造了一所花园。建成时，操前去观看，当时没有说任何话，只是在花园门上写了一个“活”字便走了。大家都蒙了，不知何意。杨修对工匠们说，“门”上加一个活字，就是“阔”字，丞相是嫌你们把花园的门造得太大了。于是重新建造了园门，完工后再请曹操去观看。这次曹操很高兴，于是问：“是谁知道我的意思？”下人回答：“是杨修！”曹操当时表面上称好，但心底却很嫉妒，非常厌恶杨修。

居上者以谨慎为怀，杨修就是因为恃才傲物，屡次用小聪明得罪了曹操，以致惹来了杀身之祸。

原文

昏惰任下者败，傲狠妄为者败，贪鄙无忌者败，反复多诈者败。（《曾文正公全集》）

译文

做高官的人，昏庸懒惰，任下而为者必然失败，刚愎自用，骄傲凶狠，胆大妄为者必然失败，贪得无厌、没有顾忌者必然失败，三心二意、对手下玩弄权术必然失败。

解读

历来身居高位的人，有很多最终走向了失败，有的人很清楚自己的原因，有的人却是糊里糊涂的。其实这里面有很多原因都是相似的，也就是曾国藩在这里总结的四点。

一是昏惰任下。为人主者，不可能知晓天下之事，不能不委派任用贤能的下属，而非任人唯亲。任用了贤臣，事情才会办好，若是让庸臣在位，则政治将日非一日，国家也将大难临头。历史的经验说明，在用人上，只有任人唯贤才能取得好的成果。亡国之君，败事之臣，其祸都源于昏惰任下。

二是傲狠妄为。人因骄傲而妄为，就会变得穷奢极欲，无恶不作。人欲求成立，就必须除掉骄傲的恶习。三是贪鄙无忌。为官不可任意放纵，随心所欲，既居高位，就应立身忠正，行事廉洁，切不可贪鄙无忌，引火烧身。四是反复多诈。用人的方法，最重要的是推诚相见，不玩弄权术，去除邪恶之徒不要犹豫不决，任用德才兼备的人切忌三心二意，这样无论做什么事情都能兴旺昌盛。

案例

曹操大败袁绍

在历史上，有些人本来占据优势的条件，本来可以得天下，但是由于个人的昏庸，白白错失机会，袁绍就是一个活生生的例子。

在三国时期，曹操讲求“唯才是举”，当时大部分政治上、军事上还是在的谋士，围绕在他的身边，成为曹营中的骨干力量。

当时曹操想统一北方，最大的威胁就是袁绍，如果打败袁绍，就能立足于天下，而不消灭这个无论在军事上还是在政治上的劲敌，曹操一天不得安生，连觉都睡不踏实。而袁绍手下的谋士，像许攸、沮授、审配、郭图，也都是一流的“智囊”。

所以，曹操与袁绍进行官渡之战时，其实把握也不是很大，这可以说是一次曹、袁之战，也是一场谋士之战。

当久攻不下的时候，曹操也动摇过的，因为几无隔宿之粮，不如直接撤兵算了。于是他同荀彧商量，但是荀彧写了一封信给他说：“如今您占了优势，掐住了袁绍的脖子，如今是最重要的较劲时期，您可不要失去机会。”

曹操就采纳了他的意见，在那边坚守，以弱战强的战役，正如狡兔和鸷鹰搏斗，只有一口气不停地拖着叼住它的鹰向前奔走，愈到最后时刻，愈不能泄劲，坚持到底，才是胜利。哪怕稍一迟疑，全盘皆输。后来官渡大捷以后，他给皇帝上表，亲自给荀彧请功，承认自己“不及”部下。说荀彧的谋略，“以亡为存，以祸为福，谋殊功异，臣所不及”。

而袁绍出身豪门，势力最大，其初期“部下能事者极多”，占有绝对的人才优势，但是没能成就大业。主要原因是不善用人。

他任用小人郭图，成事不足、败事有余。官渡之战伊始，正是他，离间沮授和袁绍，以致沮授失去权力。袁绍临阵换将，郭图协理军务，袁军管理遂乱。乌巢初战不利，张郃、高览要去救，郭图偏让他们去攻曹营。

郭图能言善辩，颠倒黑白，反复无常，阴险狡诈，实为一个卑鄙小人！袁绍用这样的庸才，怎能不败。

而对于贤能的郭嘉，却没有重用，郭嘉足智多谋，初到袁绍麾下，不得施展。他说袁绍“多端寡要，好谋无决，欲与共济天下大难”，就跑到曹操那里。曹操说他“每有大议，临敌制变。臣策未决，嘉辄成之。平定天下，谋功为高”。

曹操官渡获胜后曾感慨道：“河北义士，何其如此之多也！可惜袁氏不能用！若能用，则吾安敢正眼觑此地哉！”

一个昏庸的人就是位居高位，也终究有身败名裂，引火烧身的一天，所以立身忠正，行事廉洁才是正道。

明强卷

第六

原文

凡国之强，必须多得贤臣工；家子强，必须多出贤子弟。(《曾文正公全集》)

译文

凡是国家要强盛，必须得到贤良的群臣相辅佐。家庭的强盛，必须多出贤良的子弟。

解读

曾国藩不是一个空谈天命，坐以待毙的人，反而是一生都在孜孜以求，奋斗不懈。他认为国家要强盛，家族要兴旺，就必须得有贤能的人才、子弟，这样才能治国治家，发扬光大。

为国，要能举贤任能，像祁羊子一般“内举不避亲，外举不避仇”。只要是人才，不管他与自己的关系是亲是疏，只要于国有利，就该当举荐，推举了仇人，他也会记得你的贤良，不仅给国家带来了好处，说不定私下恩怨也能化解于无形。

现在，有的企业多半任用专业经理人，就是“用人唯才”。有些企业甚至不惜高薪“礼贤下士”，任用专业的管理人才来管理企业，自己则退居幕后，这些都是值得借鉴的。只有引进新的人才，才能为企业注入活水，增强企业的生命力。

案例

燕昭王修筑黄金台

一个国家的强国之道，肯定离不开人才的储备，因为这天下事都是人做出来的，所以，选贤任能，是一个领导者必须放在第一位的事。

在战国时期，燕昭王被齐破燕之后，收拾残破的燕国即位为王，一心想要求贤，用丰厚的聘礼来招募贤才，想要依靠他们来报齐国破燕杀父之仇，但苦不能得。他因此去找到自己的老师郭槐，跟他说："齐国乘人之危，攻破我们燕国，我深知燕国势单力薄，无力报复。然而如果能得到贤士与我共商国是，以雪先王之耻，这是我的愿望。请问先生要报国家的大仇应该怎么办？"郭槐跟他说："成就帝业的国君以贤者为师，成就王业的国君以贤者为友，成就霸业的国君以贤者为臣，行将灭亡的国君以贤者为仆役。如果能够卑躬屈节地侍奉贤者，屈居下位接受教诲，那么比自己才能超出百倍的人就会光临，这就是古往今来实行王道和招致人才的方法啊。大王若是真想广泛选用国内的贤者，就应该亲自登门拜访，天下的贤人听说大王的这一举动，就一定会赶着到燕国来。"

昭王说："我应当先拜访谁才好呢？"于是郭槐给他讲了这样一个故事："我曾经听说过，从前，有一个君王想要得到一匹千里马，但是过了三年都没有买到，有一次，他让仆人带着千金去列国寻访，但是一年之后，仆人带了一堆马骨回来。君王非常生气，责备仆人。仆人答道：我走遍列国寻访千里马，等我找到一匹的时候，它已经死了，于是我将马骨买回来了，但是大王您不要怪罪我，虽然我没有买到马，但是买到了主人爱马的名声。不久就会有很多人慕名将自己的千里马送来供您挑选的。于是不到一年，三匹千里马就到手了。"郭槐接着说："既然大王今日求贤，贵在用贤，郭槐虽然能力一般，但是如果大王连郭槐这样的中才也加以重用，那么胜过我的那些贤才自然会慕名而来的"。

于是昭王高筑黄金台，拜郭槐为相。消息传开，不久后乐毅从魏国赶来，邹衍从齐国而来，剧辛也从赵国来了，人才争先恐后集聚燕国。燕昭王也在郭槐、乐毅、剧辛等人的辅佐之下，殷实富足，国力强盛，士兵们心情舒畅愿意效力，用乐毅为上将军，和秦楚及晋赵魏韩联合策划攻打齐国，大败齐国，使燕国成为了战国时期的强国之一。

原文

安分竭力，泊然如一无所求者，不过二年，则必为上官僚友所钦属也。（《曾文正公全集》）

译文

安守本分，竭力任事，淡泊宁静而一无所求的人，不超过两年，则必定会受到上司同僚的钦佩推重。

解读

居官是要做到耐烦的，不管做多少事，都应竭力处理，要淡泊宁静，而不要心浮气躁。有很多人就是因为不耐烦琐事，结果把自己弄得心浮气躁，做出一些不符合道德和理性的东西来，工作没有做好，还把官也丢了。

做官耐烦，就是处事要不急不躁，没有怨言，头脑要清醒。头脑清醒做事才有条理，不致忙前忙后都没有结果。而且这样才能稳得住部下，稳得住部下才能做出最合时宜的决断。

经过时间检验后那些做官耐烦的人，必定会受人器重，而且用就要用这样的人。

案例

淡泊官场的白居易

自古以来，赢得了好名声的官员无不是那些淡泊宁静，无欲则刚的人，只有这样的人才能赢得下属的尊重和百姓的爱戴。

唐代大诗人白居易32岁考中进士，步入官场。他不仅是我国历史上杰出的诗人，还是一位敢直言爱民、自律廉洁、淡泊名利的好官。

当时白居易在自己的诗中就公示了自己的所有财产，不过他的运气还是不错的，刚入仕途，国家就调整了官员的薪酬，将所有官员的工资标准都提升了，低级文官每月能领一万六千文。这个薪水不低。他用诗歌公示家产，表白心境，不让别人有行贿的机会，也不给自己有受贿的空间。

那个时代，左拾遗可是皇帝身边的“心腹”。但是白居易并没有攀附权贵，反而爱管“闲事”、敢犯颜直谏，所以被贬为了地方官，先后任江州、苏州、杭州等地刺史。

在杭州的时候，白居易关注民生、大兴水利，亲率州民修筑了西湖白沙堤，引水灌田，解决了当地的水旱灾害和市民吃水难的问题。人们为了纪念他的功德，将其所筑之堤命名为“白公堤”。

白居易在任满离任时，还把自己多年积攒的一部分俸禄留给杭州府，作为公用经费的补充。离别之时，百姓站满了运河两岸，官员和百姓哭喊着随船送行了十多里。他在《别州民》一诗中记下了这感人的场景：“耆老遮归路，壶浆满别筵。甘棠无一树，那得泪潸然。税重多贫户，农饥足旱田。唯留一湖水，与汝救凶年。”

为官清廉、淡泊名利的白居易，除了饮茶吃菜需要在当地购买外，从不索要当地的任何名贵物品。卸任后，两袖清风的他，只带走在山上拾到的两小块天竺山石，作为心爱之物。

有一天，他摆弄石块时，发现自己竟做了一件“不清白”的事。他觉得自己这样是不对的。他想，假如每个游客都带回天竺山石，那天竺山的秀美不是没了。自己认为没有带走杭州一丁点儿东西，难道这石头不是杭州的东西吗？山石虽不值钱，但取之玷污名声，这好比贪污了千金，不是一个为官清廉者应该做的。他于是写了一首诗自责：“三年为刺史，饮水复食叶。惟向天竺山，取得两片石。此抵有千金，无乃伤清白。”

白居易为官近四十年，始终清廉自守、一心为民，做人稳当，做事实在。就是七十三岁的时候，还倾自己资财，开凿了龙门石滩，排除了来往船只经常在此触石遇险的隐患。他亲民、爱民、忧民、为民，为官员们树立了一座丰碑。

原文

士人第一要有志，第二要有识，第三要有恒。有志则不甘为下流；有识则知学问无尽，不敢以一得自足；有恒则断无不成之事，三者缺一不可。（《曾文正公全集》）

译文

士人第一要有志气，第二要有见识，第三要有恒心。有志气，就不会甘心为下流，有见识，就会知道学无止境，不会稍有收获就自满；有恒心，就不会有办不到的事。这三个方面，缺一不可。

解读

士人，就是通过自身努力而进入官僚阶层的社会精英，要成为士人，就必须要有志气，有见识，有恒心，这也是领导者评价人才的三个标准。

有志，就是要有远大的志向，人生成功与否很大程度上是建立在一个人的志向定得有多高的基础之上的，有了志向，并为之持续不断地奋斗就能取得成功。有识则是最重要的一点，就是要有见识，有内涵，有才能，经得起工作的考验，不会被困局吓倒。有恒，就是要有不办成事绝不撒手的毅力，凭着一股韧劲，很多事情都会迎刃而解。

一个善于把自己的志向和恒心通过行动坚持下去的人，能在大场面中保持本色，处理游刃有余的人，就是一个精英，一个士人，这样的人才，才是领导者需要的真正人才。

案例

划粥割齑与程门立雪

一个想有所成就的人，总是具有远大的志向，不甘心做社会底层的人，再加上恒心与毅力，凭着一股子的韧劲，一番奋斗之后，终究成就自我。

范仲淹小时候家境贫穷，苦读诗书，他经常在冬天煮一盆粥，待其结冻后，用刀切成两半，分成两餐，就着咸菜吃。范仲淹的一个同学看他终年吃粥，于是准备了一些好吃的东西给他。但是他竟一口不尝，听任佳肴发霉。直到人家怪罪起来，他才长揖致谢说："我已经习惯喝粥的生活，一旦享受美餐，只怕日后吃不得苦啊。"范仲淹对于这艰难的生活没有一点抱怨，有点像孔子的贤徒颜回：一碗饭、一瓢水，住陋巷，他人叫苦连天，颜回却不改其乐。

范仲淹连岁苦读，从春至夏，经秋历冬；凌晨舞一通剑，夜半和衣而眠。别人看花赏月，他只在六经中寻乐，数年之后，范仲淹已经通读儒家经典，堪称大通，吟诗作文，慨然以天下为己任。最后终于读书有成，功成名就，成为北宋名臣。

还有一个故事，讲的是恒心求学的事，北宋著名学者杨时少时聪颖，七岁能诗，八岁能作赋，人称神童。他在十五岁时攻读经史，中进士。一生立志著书立说，曾在许多地方讲学，备受欢迎。

有一年，杨时赴浏阳县令途中，不辞劳苦，去洛阳拜程颐为师，以求在学问上得到进步。有一天，杨时与他的学友游酢，争论一个问题，为了求得一个正确答案，他俩一起去老师家请教。

当时正值隆冬，天寒地冻，浓云密布。他们行至半途，朔风凛凛，下起了大雪，他们把衣服裹得紧紧的，匆匆赶路。来到程颐家时，刚好先生坐在炉旁打坐养神。杨时二人不敢惊动老师，于是恭恭敬敬侍立在门外，等候先生醒来。

这时，房屋也披上了洁白的素装。杨时的脚都冻僵了，浑身冷得发抖，但依然恭敬侍立。过了很久，程颐一觉醒来，才发现窗外有两个雪人，只见他们通身披雪，脚下的积雪已一尺多厚了，于是赶紧起身迎他俩进屋。

后来，杨时就是凭着这程门立雪的恒心，得到了"程学正宗"，世称"龟山先生"。

这些获得了成就的士人，无不是志气远大、见识非凡、有恒心的人，而这也是领导者需要的人。

原文

君子有高世独立之志，而不与人以易窥；有藐万乘，却三军之气，而未尝轻于一发。君子欲有所树立，必自不妄求人知始。(《曾文正公全集》)

译文

君子有着远大独立的志向，而不会轻易地让世人看出；有藐视帝王，退却三军的勇气，却从不轻易显示。君子如果想要有所建树，就必须要从默默地不让别人知道自己开始。

解读

中国人向来讲究隐晦，真正的人才是从来不会炫耀自己的，他们有的时候把自己藏得很深，跟平凡人没什么两样，遇到事情时，他们才会展现出自己的才能，让别人刮目相看。

世事也的确是这样，“木秀于林，风必摧之”，如果一味在人前展示炫耀自己的才能和见识，必然会遭到一些人的妒忌，或者是让人觉得你过于自负，由此而来别人就会轻视于你，甚至报复于你，压制你，使你的才能得不到正确发挥。

而领导者用人，就要懂得默默地观察那些有才能的人，可以将自己认为有才能的人放到一个环境中长时间地考察，看其是不是在不经意间露出了让你惊诧的才能，如果有，就要适时重用，而绝对不要抱着嫉妒的心情去压制他们，“赠人玫瑰，手有余香”，你提拔了别人，你也会得到相应的回报，何况还是真正有才的人呢。

案例

韬光养晦：刘备借雷巧掩饰

中国人一直讲究韬光养晦之法，真正有分量的人一般低调含蓄，深藏不露，以免受到别人的妒忌，只有在关键的时候，他们才会挺身而出，发挥自己的作用。所以作为领导者，就要善于发现这方面的人才，加以培养，予以重用。

刘备就是一个善于韬光养晦的人，他四处无门，有段时间投靠在曹操的手下，心怀雄心壮志。但他不得不防备曹操谋害，于是他在自己住处的后院种菜，亲自浇水施肥，以为韬晦之计。当时他的兄弟关羽、张飞就不明白了，问道："兄长你怎么不关心天下大事，做这些妇人的活呢？"刘备说："这不是二位兄弟能明白的。"

有一天，曹操派人请刘备去赴宴，刘备心里很紧张，不知曹操用意，酒至半酣的时候，忽然阴云密布，骤雨将至。曹操突然说："玄德四方游历，对当今天下的英雄一定了如指掌，你说说吧。"刘备于是说了袁术、袁绍、刘表、孙坚、刘璋、张鲁、张绣等人。没想到曹操击掌而笑说："这些人都是鼠辈，不足挂齿！"刘备说："那么除了这些人之外，我不知道还有谁了。"曹操说："真正的英雄，都是胸怀天下大志，腹有治世良策，能包藏宇宙之机，吞吐天地之气。"刘备说："那谁是这样的人呢？"曹操先用手指了指刘备，又指了指自己，说："当今天下英雄，只有使君和我曹操而已"刘备听到后，非常吃惊，手中的筷子都掉到了地上。刚好雷声大作，刘备赶紧顺势去拾起筷子，说："这雷声之威，实在厉害。"曹操笑着说："大丈夫还怕雷声吗？"刘备说："圣人云：'迅雷风烈必变'，怎能不怕呢？"这样，曹操也就不再怀疑刘备胸有大志了。

曹操自以为英雄，但是心里害怕刘备与之敌对，所以以心相待，没有当面说出。"酒后吐真言"，将这个韬光养晦的刘备吓得要死，因为当时刘备虽投靠曹操，但是心里从不甘寄人篱下，一直在等待机会图谋东山再起。但是曹操生性机敏，肯定会对刘备的失态产生疑心的。所以刘备灵机一动，说是雷声吓的，这样就让曹操不会生疑。

"木秀于林，风必摧之"，在自己不够强大的时候，选择低调成长比炫耀于世要强，一个做大事的人要想有所成就，没必要从一开始就要让人知道自己的才能。

原文

君子有三乐，读书声出金石，飘飘意远，一乐也；宏奖人才，诱人日进，二乐也；勤劳而后憩息，三乐也。(《曾文正公全集》)

译文

君子有三种乐趣，读书声调抑扬顿挫，声如金石，飘飘然意境已经游离很远，这是第一乐。褒奖人才，循循善诱，激发人日益进步，这是第二乐。勤劳工作之后的小憩或休息，这是第三乐。

解读

曾国藩把“褒奖人才，循循善诱，激发人日益进步”看做是人生的一大乐事，实在难能可贵，遇到这样的领导者，也是下属的一种福气。

爱默生说：“有很多天资很好、很有成功希望的人，只因为得不到有力的鼓励，竟至于失败下来。”好的管理者，对于人才来说也是一种福祉。

管理者应该像曾国藩那样，褒奖人才，循循善诱，这样做不仅利人，同时也是利己之事。其利有二，一是能让一个有才干的人好好发挥！二是这个被你褒奖善诱的人也将成为支持你的力量！

很多企业家、政治家一直有忠心耿耿和有才能的属下追随，都是因为他们乐于褒奖人才，循循善诱，用情绑住了他们，利已也利他！所以，如果你有能力、有条件，那么就伸出你有力的双手提携褒奖和善诱他们吧。

案例

孟母教子与国藩识才

什么样的领导才能留住人才，让属下乐于追随？用权势压迫肯定是不行的，用金钱诱惑对于真正的人才来说肯定也没什么用，只有那些对属下善于褒奖，循循善诱，以情动人的领导者才能做到。

有时，要培养一个优秀的后代也如同培养下属一样，需要循循善诱，远比棍棒管用。

孟轲是战国时代著名的教育家、思想家。他的成就是与他母亲的教育离不开的。

孟轲小时候非常贪玩。有一天，孟母正在家里织布，还没到放学的时间，但是小孟轲已经逃学回家了。孟母看见后气得浑身发抖。她当时就把小孟轲叫到跟前，跟他说："孩子啊，我们穷苦人家，没有什么本钱，只有力气是钱。娘每天没日没夜地辛苦织布，赚钱供你上学，可是你还逃学。"说着，孟母拿起剪刀，"咔嚓"一声，将织布机上的绫子全部剪断了。

小孟轲从来没有见娘发过这么大的火，赶紧央求说："娘，是我错了！我一定会改！"孟母见小孟轲知错，舒了一口气，马上指着机上的断绫说："君子求学是为了成就功名，博学多闻才能增加智慧。你经常逃学怎么能成为有用之才呢？你今天不刻苦读书，而是惰于修身养德，今后就不可以远离祸患？"

孟轲看到了这一幕，留下了既惊且惧的鲜明印象，就是在孟母的循循善诱下，孟子从此旦夕勤学，终于成为我国历史上的儒学大师。

在对人才循循善诱方面，曾国藩可算是一流的大师，曾国藩把自己的幕府办得如同一所人才学校，他循循善诱，诲人不倦，从他的幕府培养出了众多杰出的人才。

李鸿章就是杰出的一个，最初在曾国藩的幕府中掌管文书，负责向朝廷拟订奏稿，工作得心应手，曾国藩于是常常当着别人的面夸奖他："少荃天资聪明，文采出众，办理公牍事务最适合，他所拟文稿都远远超过了别人，我想他将来一定会大有作为。"这样的鼓励对于少年李鸿章来说，当然是大的鼓励，当然，曾国藩也感到李鸿章还不成熟，存在着许多毛病，比如他恃才傲物，心高气盛，日常生活很散漫。于是他有意对李鸿章进行训导和磨炼。最后李鸿章成为与曾国藩、张之洞、左宗棠并称的"中兴四大名臣"，与俾斯麦、格兰特并称为"十九世纪世界三大伟人"。

作为领导者，提携褒奖和善诱下属，对于下属的成长及个人事业都大有裨益。

原文

然制胜之道，实在人而不在器。(《曾文正公全集》)

译文

然而取胜的关键，实在是在人而不是在武器。

解读

两军对垒，装备兵甲很重要，但比这更重要的，却是两军的将领，也就是人才。装备好，没有好将领的军队同样会吃败仗，而装备简陋，但将领优秀的军队则很有可能会打胜仗，对此，历史早就已经有了很多例证。小米加步枪，不也一样能战胜飞机大炮吗？

所以，在激烈的市场竞争中，管理者不要在乎自己的底子有多薄，重要的是争取人才的加盟，有了人才，那就有了取胜的本钱，还怕不能加厚底子吗？当然，这些都需要管理者有一套独特的识人、用人、培养人才的本领。为此，管理者务必要学会善于发现人才，学会真心诚意对待人才，学会掌握培养人才之法，学会用心留住人才，这样才能让自己的企业做到长盛不衰。

案例

破釜沉舟

两军对垒，绝不能看人数的多少，也不能看装备的情况，在历史上总是有以少胜多的战役，而胜利的关键就是人，优秀的将军加上勇猛的士兵。

秦二世二年九月，秦军上将军章邯打败并杀死楚地反秦义军首领项梁，认为楚地已不足忧，于是渡过黄河，与王离军二十万一起攻打赵国，大败赵军。赵王及手下都逃进了巨鹿城。秦军包围巨鹿，赵王只得派使者向楚怀王及各国诸侯求援。当时秦军十分强大，救赵诸军驻扎在城外，无人敢迎敌。

十二月，项羽率楚军到达巨鹿县南的黄河，立刻派遣英布和蒲将军率两万义军渡过河，援救巨鹿。取得了小的胜利，接着，项羽率领全军渡过黄河。过河之后，项羽下令把船只全部弄沉，把锅碗全部砸破，把军营全部烧毁，只带上三天的干粮，以此向士卒表示一定要决死战斗，毫无退却之心。以迅雷不及掩耳之势直奔巨鹿，击败章邯部保护甬道的秦军，断绝王离部的粮道，包围了王离军队。

在项羽的决心和勇气的鼓舞下，楚军个个士气振奋，以一当十，越战越勇。经过九次激烈战斗终于打退章邯，活捉了王离，杀死了秦将苏角，秦军将士有被杀的，也有逃走的，围困巨鹿的秦军就这样瓦解了。

诸侯军人人战栗胆寒。项羽在打败秦军以后，召见诸侯将领，当他们进入军门时，一个个都跪着用膝盖向前走，没有谁敢抬头仰视。自此，项羽真正成了诸侯的上将军，各路诸侯都隶属于他。

而当时章邯的军队有二十万之众，全部是秦国精锐部队，尚可一战，驻扎在棘原，和项羽对阵，相持未战。但是秦军屡屡退却，秦二世派人来责问章邯。章邯感到害怕，于是派长史司马欣回朝廷去请示对策。当司马欣到了咸阳，被赵高搁在宫外三天，视而不见，司马欣非常害怕，于是快马奔回了棘原军中，还没有按原路走，赵高果然派人追杀，没有追上。司马欣回到军中之后，向章邯报告说："赵高在朝廷中独揽大权，如今没有人敢说话，我们这仗打胜的话，赵高必定嫉妒我们的战功；如果打败了，我们也免不了一死。希望您认真考虑这情况！"于是章邯起了降心，无心恋战，主帅都没有战斗的意思，最后整整二十万人都投降了项羽。

项羽就是得了军心，以少胜多，打败了人心溃散的秦军，作为管理者就不得不思考，人才在管理及事业中的重要性。

原文

器有洪纤，因材而就，次者学成，大者天授。(《曾文正公全集》)

译文

人才的成就有大小之分，要根据个人的禀赋而获得，禀赋差一点的依靠学习而成，最大的是上天所赐予的。

解读

我国传统的儒家思想把人看成是天地万物的一个部分，有的人具有先天的禀赋，这是上天给予他的最大礼遇。虽然人的天赋很重要，但也需要后天的努力和学习才能达到。一个优秀的人才总是个人努力和历史选择的多重因素造就的。

人才的高低，天赋很重要，后天的学习更重要，没有后天的努力，前面的天赋也可能化为乌有。中国古语有云“勤能补拙”，即便天赋不算高，但一个人如果踏实努力地去学习奋斗，那么他也可能成为一个栋梁之材。

一个人的可贵之处是要有一种知缺的精神，要知道自己哪些地方有不足，并能在不足之处不断下功夫来完善自己，同时也要知道“有所为，有所不为”，让自己保持弹性，既要矢志不渝，又要灵活变通，那就必定能取得高远的成就。

案例

江郎才尽与伤仲永

一个真正的天才，拥有了上天赐予的天赋，但是后天如果没有再去学习，没有去将天分好好利用的话，天赋可能会消失不见，成为庸人。而也有一些资质平庸的人，通过一番刻苦之后，也可能会成为大才。

中国古代有一个叫江淹的天才，他年轻的时候，就是大名鼎鼎的文学家，诗词歌赋样样精通，在当时获得极高的评价。

但是当他年纪渐渐大了以后，他的文章慢慢地退化了，不仅没有以前那么好，反而退步了不少。写出来的诗平淡无奇，还要提笔苦苦思索，有时还写不出一个字来，就算偶尔有点灵感，诗写出来了，但文句仍旧是枯燥无味，没有什么可取之处，这就让人纳闷了，原来传说他小时候曾经遇到了一个自称是郭璞的仙人，那仙人送了一支笔给他，从此他就能做出锦绣文章，但是有一次江淹在一个亭子中睡午觉，梦见那个郭璞又来到他的身边，跟他说："文通兄，我是不是送过一支笔给你，已经很久了吧！我现在想收回去了！"江淹听了，就顺手从怀里取出一支五色笔还给了他。从此以后，江淹就文思枯竭，再也写不出好的文章了。

当然这有点像个神话故事，还有一个故事是宋朝的大文豪王安石讲的，说他舅舅家那边有一个叫方仲永的人家，世代以种田为生。这个仲永从小就因为家贫，没有入学，一直到了五岁，还没有见过笔墨纸砚，但是有一天他忽然吵着要他父亲买这些东西。当时他父亲感到惊异，于是去村里的读书人家里借来给他，他马上就写了四句诗，还题上了自己的名字。这首诗写的是赡养父母、团结同宗族，当时全乡的秀才无不欣赏，赞叹他是神童。

于是有人指定一些事物叫他写诗，他也能立刻完成，写出的诗文及道理都有耐人寻味的地方。于是整个县城的人都知道了他的才华，非常惊奇，于是会花钱请他父亲带他去做客，求仲永写诗。他的父亲觉得这样能赚到钱，于是天天带着他去拜访同县的人，没有让他进学校学习。

过了几年，方仲永已经十二三岁了。有人叫他写诗，才气已经不能和从前相比了。又过了七年，方仲永的才能就完全消失，跟普通人没什么两样。

上天给的才华，如果没有好好利用，加以延续的话，终究也会变成普通人，而能把握住这些才华，那就是不世的天才。领导者就是要发掘这种天授之才，加以培养。

原文

今日百废莫举，千疮并溃，无可收拾。独赖此耿耿精忠之寸衷，兴斯民相对于骨岳血渊之中，冀其塞绝横流之人欲，以挽回厌乱之天心，庶几万一有补。不然，但就时局而论之，则滔滔者吾不知其所底也！（《曾文正公全集》）

译文

目前百废待兴，千疮已经溃烂，无法收拾。只有依赖自己的耿耿忠心，发动广大人民面对这骨山血渊，期望着以此塞绝横流的人欲，挽回厌倦混乱的天心，或许还有弥补的可能性。否则的话，仅就现在的局势而论，还不知要乱到什么时候才是尽头呢！

解读

对于领导者而言，下属的耿耿忠心是很重要的，而如果能有曾国藩这样的忠诚下属，则更是一个上司的福气。

如何让下属忠于自己呢。这就要求领导者要讲义，就是要在见识对方才能的基础上，用人不疑，待之以义，这样对方必会报之以忠。

俗话说“礼尚往来”，这似乎不仅适用于礼节，人情也是如此。你如何对待下属，下属也会如何对待你，你付出了赤诚之心，必然也会收获赤诚之心，古人云“臣对君忠，君对臣仁”就是这个道理。世间所有事情都是相互的，用人亦然。

领导者应该知道，在一个集体内部，除了正式的组织机构，往往还存在着长期共同协作中所产生的另一套习惯性的人际关系。人际沟通是人际关系学最重要的问题，任何轻视人际沟通的念头都是非常错误的。要想让下属表现出忠心，领导者就非得重视人际关系，重视诚心对待下属不可。

案例

劝降祖大寿

对于每一个领导者而言，能够有一个忠心耿耿的下属，那就是做领导的福气了，特别是对于君王而言，能够有一个忠心的臣子，就更加难得，而一个人要得到他人的忠心，必然需要自己付出赤诚之心，只有这样，才能真正做到相互信任。

清太宗皇太极，是努尔哈赤第八子，是建立满清的主要人物。当时努尔哈赤在位时，他战功卓著，兼辖正黄、镶黄两旗。努尔哈赤死后，他继位登基，知道要统一中国，必须要招徕汉官来协助自己，方能治国平天下。

当时皇太极为了招降明朝名将祖大寿，派人先将祖大寿的儿子及其他亲属接入清营，悉心照料。当时，祖大寿统兵驻守大凌河城，皇太极围城百余天，首先派明朝降将张弘漠等人去劝降祖大寿，当时祖大寿因内无粮草、外无救兵，决定诈降清军。皇太极表示："凡是大凌河城所降的明朝将吏城民，不得有任何杀戮，若有谁违背此盟，必遭天谴。"

当时为了使祖大寿能同妻子相聚，皇太极同意祖大寿率二十余人返回锦州城，但他一回到锦州马上统率明军同皇太极兵戎相见。可皇太极在这种情形之下，仍旧对祖大寿的家属以礼相待，并致书祖大寿说："将军去留，终不相强。将军虽屡与我兵戎相见，这是将军应该做的事，朕决无任何意见，请将军勿自疑。"

后来，皇太极指挥清军围歼增援锦州城的明军，又招降了名将洪承畴，祖大寿无计可施，只好献城降清。皇太极大喜过望，立即召见祖大寿，对他抚慰道："你当初违约于我，是为了你的明主，为了你的妻子和宗室。我经常同内院诸臣谈及，祖大寿必不能死，以后再降，我也决不加诛。往事已毕，今后能竭力相助就行了。"于是令祖大寿隶属正黄旗，授总兵职。

之后，祖大寿忠心侍清，成为皇太极手下的一员得力战将。由于他熟知明朝军事，对皇太极入关灭明统一全国，贡献很大。

就是因为皇太极这个君主一直对祖大寿以诚相待，才换来了他的赤诚，领导者对待下属就须有这种赤诚之心，也必然会收获赤诚之心。

原文

位高而资浅，貌贵温恭，必贵谦下。天下之事理人才，为吾辈所不深知、不及料者多矣，切弗存一自是之见。(《曾文正公全集》)

译文

官位高而资历浅，外貌以温和谦恭为贵，内心则以谦让下士为贵。天下的事理人才，是我辈所不能深知的，不清楚的事情还有很多，所以就千万不要自以为是。

解读

老子云:“满招损，谦受益。”一个谦让的人，不一定会损失自己的利益，相反，当他把细碎的利益让给别人时，他还能获得别人付出给你他的更大利益。

这一点尤其体现在上下级之间。自古以来“礼贤下士”都是一种美德，当一个领导者谦让地对待自己的下属时，下属必定也会感念他的恩德，从而在工作中付出更多忠诚和干劲。李广、吴起能赢得士兵们死命相随，其本源就是谦让的力量。

领导者千万不能自以为是。因为一瓶水不响，半瓶水晃荡，骄傲自满，是成功人士不断发展的拦路虎。而一个真正廉洁的领导者，一个真正超越功名利禄的领导者，是不会到处炫耀自己功绩的。只有那些骄傲自大，认为自己完美无缺的“领导”，才会四处炫耀自己的功绩。

案例

陆逊之谦与关羽之傲

一个真正有才干的人，总是温和谦恭，待人和气，绝不会做那种骄傲自满的事。领导者对下属谦和，往往能得到下属的死命追随，“士为知己者死”，这就是知人的力量。

在三国时期，吴国的陆逊可算是一位后起之秀，他三十六岁任部都督，三十九岁任大都督，也算是意气风发了。他创下了令人瞩目的功绩，粉碎越族反叛，巩固东吴政权；协助轻取荆州，火烧连营七百里，逼退刘备大军。

但是陆逊一直以谦逊闻名于江东，他小时候是孤儿，十二岁就挑起了整个家族的重担。

陆逊非常具有军事天赋，崭露头角是在粉碎越族降曹的战役中，当时越族不满东吴统治，于是占山为王，打算降曹为内应，孙权命陆逊率兵镇压。当时山贼势力很大，而陆逊兵力不足，无法与之正面交战。于是只能用疑兵之计，大破越族，收编数万人。当时的会稽太守淳于式知道后马上去孙权面前告状，说陆逊拥兵自重。陆逊得到情报之后，反而在孙权面前表扬淳于式，说是他帮助才取得了胜利。陆逊的大度让孙权刮目相看。

而陆逊扬名天下的战役是夺取荆州，当时关羽在樊城与曹军交战，想凭借多年屯备的荆州军从中原战场直接击败曹操。当时曹操写信给孙权，说只要孙权出兵，那么江南的土地可以让给孙权，当时孙权向陆逊问计，陆逊说：“关羽这个人非常傲慢，骄狂得没有将谁放在眼里，假如您安排我这个无名小卒做都督，他肯定会将荆州的军队全部抽向战场，这样我们就能轻取荆州了。”

孙权大喜，觉得骄兵之计不错，于是立刻命陆逊为大都督，总领东吴水军。当时很多资深的老将，年轻将领非常不理解，纷纷骂陆逊，但是谦逊的本质使得陆逊默默地承受这一切，只为那一时的爆发。

陆逊上任后马上就给关羽写了一封信，表达自己对关羽的仰仗。关羽看完后不屑一顾，觉得这新上任的东吴都督就是一个溜须拍马的小辈，可以说是“江东尽鼠辈耳”的真实写照。于是他马上将荆州的军队全部抽调进了樊城战场，只留下老弱守城。陆逊就凭借才智，轻而易举地将荆州夺取了。

作为一个领导者，谦逊的性格往往能让他吸取更多的力量，示人以弱不是真正的弱者，反而那些狂妄自大的人，也许才是真正的弱者。

原文

办事之法，以五到为要。五到者，身到、心到、眼到、手到、口到也。身到者，如作吏则亲验明盗案，亲巡乡里；治军则亲巡营垒，亲探贼地是也。心到者，凡事苦心剖析大条理、小条理、始条理、终条理，理其绪而分之，又比其类而合之也。眼到者，着意看人，认真看公牍是也。手到者，于人之长短，事之关键，勤笔记，以备遗忘也。口到者，使人之事既有公文，又苦口叮嘱也。(《曾文正公全集》)

译文

办事的方法，关键是要做到“五到”，即身到、心到、眼到、手到、口到。所谓身到，就是作为官吏对命案、盗案需要亲自勘验，并亲自到乡村巡视；作为将官就必须亲自巡视营地，亲自察看敌情。心到，就是凡事都要仔细分析它的大条理、小条理、初始时的条理、结束时的条理，分析它的头绪，又综合它的类别。眼到，就是要专心地观察人，认真地读公文。手到，就是对人的才能长短、事情的关键所在，勤做笔记，以防止遗忘。口到，就是在命令人做事时虽然有公文，仍要苦口叮嘱。

解读

领导者办事和用人，五到非常重要。身到是做领导的前提，领导者要取得下属的信任，做出成绩，就必须经常深入“基层”，了解一线情报，做深入细致的调查研究，才能了解到企业团队的发展真实情况，拟出合理的发展路线和对策，否则走马观花、蜻蜓点水，是得不到真实的东西的。

心到是做领导的精髓。就是领导者要独立思考，不唯上、不唯下、只唯实，通过分析比较，得出最合理的结论，创造性地把各项事业向前推进。眼到，是做领导的见识，选择人才，不仅要听其言，还要观其行，察其迹，多方观察，万不可任用非人。

手到，是做领导的备要。领导者要常动笔，常常总结工作的得与失，用人的成与败，这样日积月累，才能对自己有个清晰的了解，提高工作能力和水平。口到，是做领导的感召。领导的动员和宣传不能只靠文件，还要经常深入实际去宣讲解读，做耐心细致的工作，才能协调关系，化解矛盾，理顺情绪。

案例

睁开眼睛看世界的第一人

作为一个领导者，不管是做事还是用人，都需要亲自进行检查巡视，深入一线观察，才能做出明智而正确的决策，如果只是靠文件上传下达，估计也达不到实际的效果，反而会使工作打折扣。

对于官员亲身实践来说，清朝的林则徐可以说是开了先河。历史学家范文澜先生曾称林则徐是中国近代史上“睁开眼睛看世界的第一人”。

林则徐在主持禁烟运动之前，对西方世界同样茫然无知。以为西方人的膝盖是不能弯曲的，以为西方人之所以喜欢中国的茶叶，是因为他们平常吃的全部是牛羊肉磨成的粉，不喝茶就会便秘而死。但是林则徐是一个非常注重实际的人，他不会盲目自信与自大，能够承认不足与差距。做到“眼到”与“眼勤”。

当林则徐被任命为钦差大臣赴广州主持禁烟运动时，他逐渐意识到那些洋商的身后有一个自己并不了解的世界，或者说有一个被自己、被国人误解了的世界。虽然不懂外语，但是他马上去招收那些出身低下却懂外语的人来帮自己翻译西方的报刊。

通过“眼到”与“眼勤”的实践，真正做到“睁开眼”。林则徐不顾顽固派的非议，组织大量人手搜集、翻译与西方有关的情报。他先派人把外国人在澳门出版的《澳门月报》译成中文，并编辑成册，然后还派人翻译了英国人出版的《世界地理大全》，并译名为《四洲志》，介绍世界地理与人文社会状况。

后来，林则徐遇到了好友魏源，以书相赠，魏源就是在这本《四洲志》的基础上才编撰出著名的《海国图志》，并在其中提出了著名的“师夷长技以制夷”的主张。

林则徐不同于那个时代的知识分子群体目空一切的习惯。他能眼勤，能眼到，究其本质，进行亲身实践，让中国人开始认识世界。这种做到身到、心到、眼到、手到、口到的人，在晚清自鸦片战争开始以后的数十年内，就政府官员而言，做得最好的当数林则徐了。

领导者只有做到“不唯上、不唯下、只唯实”，才能对事情做出正确的分析，做出正确的判断，将事业的发展推上高度。

原文

俭以养廉，直而能忍。(《曾文正公全集》)

译文

要以俭来养廉，又必须正直，能忍耐。

解读

领导者要通过节俭来培养廉洁的作风，别人的眼睛是雪亮的，领导者如果不端正自守，必然也会影响到下属的作风。领导自己没有起到模范作用，而只要求下属怎么做，就会起到负作用，下属也不会心甘情愿地执行领导下达的任务。领导只有率先垂范，从点点滴滴做起，才会在部门上下形成一种正向的风气。

领导者又须做人正直有耐性，有涵养。历史学家司马光说过：“君明臣直。”作为一个单位或企业的领导者，一定要注意自己的言行举止，因为自己的一言一行，会对下属有直接的影响。所以作为领导者，一定要做事情光明磊落，行得端坐得正。

案例

一钱太守刘宠

领导者的行为直接会影响到下属，只有君明才能臣直，光明磊落的领导者才能站得稳，坐得直，这样才能在整个团队中形成一种正直的风气。

东汉的刘宠在青年时期，就因“明经”被举荐为孝廉，出任济南郡东平陵县令，政绩有声。因为仁爱惠民，得到了百姓的好评。后来他的母亲患病，他只能弃官回家。当地的百姓送他，道路都堵塞了，车子也无法前进，于是他只能穿着便服悄悄地离开。

后来，他四次升迁担任豫章太守，又三次升迁担任会稽太守。当时他管理的山区地方，老百姓朴实拘谨，有的人甚至从小到老都没有去过集市城镇。所以常常被官吏欺诈。刘宠到任之后，马上除去那些繁琐的规章制度，禁止部属扰民，郡中秩序井然，老百姓安居乐业，他也因为政绩斐然被征召进京当大官。

当时山阴县有五六个老翁，眉毛头发都发白了，特意从若邪山谷间出来，每人拿着百钱，打算送给刘宠。刘宠跟他们说：“各位父老啊！你们不必这样啊！”老翁们回答说：“我们山里人没有什么文化，也没见过郡守。当别的太守在任时，官吏们常常搜求财物，狗叫通宵，百姓不得安宁。自从您到任以来，夜里听不见狗叫声，百姓看不到官吏。我们难得逢此太平盛世，现在听说您要离开我们而去，我们来表示一下自己的心意。”刘宠说：“我的政绩没有您说的那样啊”，没有接受，但还是从许多钱中挑选一个最大的收下，以作纪念，后人便称他为“一钱太守”。

后来，刘宠又前后连任郡太守，多次任卿相要官，一直清廉朴素，家里没有积攒什么资财。有一次，他从京师外出办事，想在亭舍那休息一下，亭吏阻止他说：“我们整顿屋舍，打扫干净，是为了专门等待刘大人到来的，您不能在这里休息。”刘宠没有说什么就离开了，当时人称他为忠厚长者。

刘宠就是一身正气，让百姓们爱戴，也让下属们尊敬，作为一个领导者就当如此，这样才能行得正，站得直，成为正向风气的风向标。

原文

能明而断谓之英断，不明而断谓之武断，武断自己之事，为害犹浅；武断他人之事，招怨实深。惟谦退而不肯轻断，最足养相。(《曾文正公全集》)

译文

看明白事情之后再做出的判断，称为“英断”，不明事理就做出的判断叫做“武断”。对自己的事武断，为害还比较浅，武断别人的事，就会遭到别人深深的怨恨，只有谦让而不轻易做判断的人，才最能明哲保身。

解读

对待事情，做出自己的判断，一定要在明了事情的要义之后再做，这是英断。而不明白事情的要义或者是发展轨迹，只凭自己的臆测就去做判断，势必是会不准确的，这就是武断。

对自己的事情武断，还没有多少关系，损害的最多是自己的利益，而如果对别人的事情武断，那就很危险了。你损害了别人的利益，招致了别人的非议和怨恨，那你就有可能陷入是非的漩涡之中，而不能自拔，并最终为你的轻率武断付出代价。

只有那些谦让的人，对事情不轻易做判断的人，才是最能明哲保身的。在事情还未明了之前，不要去议论别人的是非，不要轻易地去给别人定性，这样也就不会招来别人的非议和怨恨了，也就远离了是非了。

案例

崇祯帝武断杀良臣

作为一个领导者，常常需要对事情进行判断，做出决策，但是，有时候会出现判断失误的时候，那就有可能对事业造成不可挽回的损失。

明朝最后一个皇帝崇祯就曾误杀大将，最后丢了江山。“己巳之变”之后，皇太极一改作战战略，率领十万清兵绕道蒙古，避开山海关总兵赵率教的防区。突破长城喜峰口，攻陷遵化，京师震动，崇祯帝下诏令各路兵马勤王。当时在山海关附近的袁崇焕在后金部队抵达之前两天赶到蓟州。

袁崇焕本来应该将来犯之敌阻挡在蓟州，在此展开决战，以确保京城安全。所以皇帝下令让袁崇焕组织各支勤王军，以方便指挥。当时袁崇焕将各路军队部署到其他防线，自己率关宁军坐守蓟州，并向皇帝承诺“必不令敌越蓟西”。但皇太极却在没有任何阻拦的情况下直接通过天险蓟门关，兵逼北京。

当袁崇焕发现金军越过防线后，星夜分兵两路进行援救，在北京城广渠门和清军展开激战，皇太极根本没有想取北京城的计划，所以便撤了军，当时的袁崇焕只率了几千精兵，没敢追杀皇太极。

刚愎自用的崇祯皇帝听说皇太极撤军，认为是他的功劳，在击退皇太极，解了京都之围后，对袁崇焕不仅没有任何的犒赏，反而因他没追杀皇太极而怀恨在心。这时，魏忠贤的余党王永光、高捷、袁弘勋、史褷这些人想趁机给魏忠贤报仇，于是以“擅自与清军议和、擅杀毛文龙”这两条罪名定袁崇焕死罪，皇太极又趁机实施反间计，让一向生性多疑、听信阉党奸臣的崇祯皇帝以为这次是袁崇焕通敌，才将皇太极引到了北京，于是将他逮捕入狱。

公元 1630 年，袁崇焕被凌迟处死，家人被流徙三千里，并抄没家产。他临刑的最后一言：一生事业总成空，半世功名在梦中。死后不愁无勇将，忠魂依旧守辽东。

就是崇祯听信谗言，不明事实，才中了反间之计，武断决定，自毁长城，让大明江山丧失，误国误民。

原文

人苟能自立志，则圣贤豪杰何事不可为？何必借助于人！若自己不立志，则虽日与尧舜禹汤同住，亦彼自彼，我自我矣，何与于我哉！（《曾文正公全集》）

译文

人如果能自己立志，那么圣贤豪杰有什么事做不到呢？又何必借助于他人！如果自己不能立志，那么就算天天和尧舜禹汤住在一起，也是他们是他们，我是我，对我来说也没什么影响。

解读

一个人要想成就大业，就要存有大志，要有勇气，有毅力承担考验。

尤其是立志。无论做什么事，人都要“立坚卓之志”，并且“日夜孜孜”，这样才会成功。

古语云：“志不求易，事不避难。”当你立下一个大志向，那么也代表你需要用更大的毅力、决心、努力去实现这个志向。假如你没有志向或者空有志向而不去刻苦钻研，那么就算你身边有圣人有豪杰，你也做不到他们那样，甚至更突显出你的平庸来。

理想决定了一个人所能达到的高度。燕雀安知鸿鹄之志？鸿鹄是要像大鹏那样展翅翱翔于九天之外，尽收天下于眼中的，而燕雀只会对能够触及的榆树和枋树心满意足。胸怀有天地之志，才能锐意进取，登上一座又一座高峰。

案例

祖逖立志收中原

古往今来，凡是成大事者，无不是心怀大志，勇气十足而又有恒心毅力的人。不过，很多人立志容易，但是去践行，朝着志向拼搏就觉得为难了。但是要成功的话，就必须趟过千山万水，攀登一座又一座高山。

在东晋时，有一个名将，是一个有志于恢复中原而致力北伐的民族英雄，他叫祖逖。他的父亲去世时，祖逖还很小，所以他跟几个兄长一起长大。祖逖的性格活泼、开朗。他好动不爱静，十四五岁了，对读书不感兴趣，倒是为人豪爽，非常讲义气，好打抱不平，得到了邻里的好评。他还常常以他兄长的名义，把家里的谷米、布匹捐给那些受灾的贫苦农民，而实际上他的哥哥们根本就没有这个意思。

后来他觉得要给自己立一个志向，于是他经过思考之后，决心要光复汉室，收复中原，而当时他和一个叫刘琨的兄弟一起在司州做主簿，感情非常好，常常共被而眠，而祖逖决定要实现自己的理想，就必须练就一番好的本领，所以他每天听到鸡叫就会起床练剑，这样激励自己，也锻炼武艺，有几次半夜有鸡鸣，他都会踢醒刘琨，说："这不是令人厌恶的声音。"于是起床练剑。

后来他跟当时的左丞相司马睿说了自己收复中原的理想和战略，希望能给他派兵，但是司马睿没有给他士兵，只是让他担任军事顾问长官。当时祖逖住在京口，集合了一批骁勇雄健的士兵，对司马睿说："我们晋朝的叛乱，不是因为君主无道而使臣下怨恨叛乱，而是皇亲宗室之间争夺权力，自相残杀，这样就使戎狄之人钻了空子，去了中原。如今晋朝天下七零八落的，大家都想着自强奋发，希望您派遣将领率兵出师，派像我一样的人统领军队来光复中原，一定会有受到感染积极响应的各地英雄豪杰！"

但是司马睿一直就没有北伐的志向，他听了祖逖的话以后，就任命祖逖为奋威将军、豫州刺史，仅仅拨给他千人的口粮，三千匹布，没有提供任何的铠甲和兵器，他让祖逖自己想办法募集。

但是祖逖没有放弃，他在没有朝廷支援的情况下，自己去创造条件，招募勇士，铸造兵器，带领自己私家的军队共一百多户人家渡过长江，在江中敲打着船桨发誓说"祖逖如果不能使中原清明而光复成功，就像大江一样有去无回！”于是到淮阴驻扎，建造熔炉冶炼浇铸兵器，又招募了两千多人然后继续前进。打算将胡人逐出中原。后因朝廷内乱，北伐失败，但是他的勇气和精神可嘉。

对于那些心怀大志的人才，领导者要给予鼓励，同时给他创造条件，让他去打拼，在成就他的同时，也能成就自己的事业。

原文

无折肱不成良医，无垂翅亦不成名将也。(《曾文正公全集》)

译文

没断过手臂不能成为良医，不折过翅膀也不能成长为名将。

解读

人一生之中有点挫折其实是好事，世上并没有真正的常胜将军，自古以来的所有名将都曾经受过失败的洗礼，而正是这些失败，铸就了他们成功的阶梯，正如曾国藩说刘铭传“得此小挫，亦足生将卒之敬慎，而穷军事之变态”，也就是说有了这次小挫折，足以让将士产生敬慎之心，并去深究军事的变化，从而为自己成为名将铺路。

德国著名音乐家贝多芬说过：“卓越的人一大优点是：在不利的情况下与艰难的遭遇里百折不挠。”是的，真正成功的人，他一定是在每次失败后都能顽强地站起来，更重要的是他没有把挫折与失败当成打击与障碍，而是把它看成促进自己成长的动力。

困难不会持久，强者却可以长存！暴风雨总会向太阳投降，冬雪最终将在春风中融化，你的寒冬也一定会过去，你的问题也肯定会解决，你也一定会走上“名将”之路。

案例

屡败屡战曾国藩

失败是成功者的垫脚石，是失败者的葬身地，一点也没有说错，一个人在成就事业的路上，肯定会遇到各种挫折，对于行军打仗的将军来说，难免会有吃败仗的时候，而真正的将军是不畏惧一两次失败的，经过一番失败的洗礼之后，反而越挫越勇。

曾国藩就是一个这样的人物，他在中国近代史上号称“立功、立德、立言”第一人。说他这个人对国家有功，对民族有道德表率作用，对自身的信仰有新的思想见解贡献。

但是一个这么不可一世的天才在和太平天国作战的初期，也因为初次带兵，又是一介书生，所以屡次败于老对手太平天国的翼王石达开手中，洞庭湖大败之后，甚至想投水自尽。

曾国藩功成名就，位极人臣，荣耀无人能及，而他一生经历的艰难挫折，同样也是无人能比。

1851 年，太平天国起义爆发，星火燎原，迅即席卷江南数省。清政府内外交困无力应付，只好命令各地在籍官员组建团练，就地阻击太平军。当时曾国藩被咸丰皇帝任命为团练大臣，创建湘军。

但是他一出战就遭遇了靖港兵败。1854 年。曾国藩亲率水陆两军万余人，大张旗鼓，誓师出征。当时曾国藩踌躇满志，意气风发，认为建功立业的时机到了，他以为靖港守敌只有数百人，于是防备松懈，轻率冒进。但是当他到达靖港时，才发现中了空城计，太平军突然从四周杀到，将湘军团团围住。湘军水师都是新招募来的农民。缺乏实战经验，训练仓促，纷纷弃船逃命。互相践踏，死伤不计其数。

急得曾国藩当时亲自拿剑督战，但是兵败如山倒，大势已去。太平军乘胜追击，俘获无数。曾国藩羞愤交加，因为死伤士兵大部分来自湖南湘乡，让他无颜见家乡父老，眼看战船被焚，曾国藩一时间万念俱灰，准备一死了之。

但是他又马上振作了起来，继续招募兵士，准备与太平军大战。越挫越勇，终于取得了最后的胜利。不难看出，曾国藩是在失败中成长起来的，正如他自己所说：“大丈夫当死中求生，祸中得福！”

“屡败屡战”突出的是一个“战”字，说明战者勇猛，次次战败，但是次次卷土重来不肯认输。

昔日刘邦和项羽楚汉争雄，刘邦首先也是屡败屡战，只是在垓下之役赢得了关键一战，其屡败屡战终成大统为世人所称道！由此可见，成功只属于真正的强者。

原文

男儿自立，必须有倔傲之气。(《曾文正公全集》)

译文

男子汉要自立的话，就必须要有倔强的性格。

解读

一个人要想“出人头地”，就要敬业自强，自己发光，让人不得不注意你！如果你不自己发光，只会在阴暗的角落里自怨自艾，那么就算你真正是一颗钻石，也不如一块会发光的玻璃！而你的遭遇又有谁在乎呢？你不是天下唯一的人才，而且很多人也不在乎你这么一个人才，等别人来磨亮，那就只有慢慢等了！

如何“自己发光”呢？那就是要有倔强的性格，不当旁观者，不当看客，从自己做起，虚心实干。即使碰到人世间比较艰苦的境地，也丝毫不动摇自己的信念，即使遇到千难百折，也不改变自己的志向，坚贞的人怀有必胜的信念，因此不会因外界的疑惑而迷惘，从而把自己越磨越亮。

工作上要在自己的职位上尽心尽力，追求卓越的成绩，并且把你在工作上的优点表现出来，至少敬业乐群一定要做到。这么做，你也迟早会被人发现。

案例

钦拔诗人李克敬

男子汉自立于世，就要自强，自己发光，不能轻易向命运低头，需要一种倔强的性格，朝着自己的志向，努力前行，坚忍不拔。

清初有一个著名的诗人李克敬，曾经得到康熙皇帝的御笔特批，钦定为天下第一诗人。但是他一直到了晚年才成名，之前的坎坷经历，一直没有让他放弃。

李克敬于顺治十六年出生在一个普通的农民家庭。从小就聪明好学，“生而颖异，五岁能诵尚书，八岁了五经，十岁能属文赋诗，弱冠已为通儒，补博士弟子员。才满山左，久且满天下。”

到了康熙十三年，新任知县派人把十四岁的李克敬召到县衙，当着众人的面，要他以“乡愁”为题，作诗一首。李克敬缓缓道出：“愁人不能寐，欲寐转彷徨。方止思乡泪，闭眼即故乡。惊魂以一断，寒宵万里长。顽身飞不去，好梦送凄凉。”从此，李克敬出名了。

但是他在考场一直不如意。三年一次的乡试，李克敬总是莫明其妙地名落孙山，他只能用诗表达心中的苦涩：“血力尽于此，著作等身长；一字无所用，按剑盼夜光。”科举的失败，意味着他没有出人头地的机会，所以被衣食所困，只能子从父业，在家乡峄县和临沂、徐州、曲阜、济宁等地教书谋生。自己没有获取任何功名，但是已经桃李满天下。

有一年，康熙皇帝沿京杭大运河南巡，途径台儿庄河段。这时的李克敬已过不惑之年，但是还没有考取功名，过着穷困潦倒的生活。当时在滕县讲学的李克敬，听到康熙南巡的消息，意识到这是一次改变命运的机会，于是收拾行囊，连夜赶赴台儿庄，打算向康熙皇帝献上自己写的《雅颂八章》，为康熙歌功颂德。但是，诗中所陈康熙功德，不是无原则地吹捧而是事实。具有雄才大略的康熙皇帝，从七百多个才俊献上的近两千首诗赋中，钦定李克敬的《雅颂八章》为第一，贴出皇榜。第二年，山东乡试，李克敬赴济南应考，力拔省魁。七年后，五十六岁的李克敬赴京参加会试，高中二甲第九名，选翰林院庶吉士。

李克敬就是凭着男儿的倔强之气，自立自强，终于得以成功。真正的人才都是如此，朝着自己的目标，越挫越勇，从不会轻言放弃。

原文

古来大有为之人，每于艰险之时，坚韧撑得住，可做出非常事业。(《曾文正公全集》)

译文

自古以来，成就大事的人，在碰到艰险的时候，每次都能够忍受艰难，坚决挺住，这样就可以做出伟大的事业。

解读

也许你不比别人聪明，也许你有某种缺陷，但你却不一定不如别人成功，只要你多一份坚持，多一份忍耐。

梁启超说："凡古能成大事者，其自制力、忍耐力必强。"曾国藩能够战胜失败，走向成功，也在于他能忍耐，能"打脱牙和血吞"，"一味忍耐，徐求自强"。他甚至把幕僚所写奏折上的"屡战屡败"改成"屡败屡战"，这是一般人所无法理解的。

有失败才有成功，这是历史上许多成功者所证明了的真理。一般而言，经过艰苦的磨炼或一系列的挫折，才更易使人具备成功的品质。因而，有许多追求大成功之人甚至不是先企求成功，而是先企求苦难。这里最主要的奥妙就是在失败和逆境的土壤中会创造出更多的成功品质。而具备了成功的品质，才会获得成功，这是再简单不过的道理了。

案例

司马迁直言受宫刑

故天将降大任于斯人也，必先苦其心志，劳其筋骨，饿其体肤，空乏其身，行拂乱其所为，所以动心忍性，曾益其所不能。古往今来，做出大事的没有不吃苦受罪的。

公元前 99 年，汉武帝派贰师将军李广利带兵三万，攻打匈奴，大败而归，几乎全军覆没，李广利逃了回来。但是李陵带着五千名步兵跟匈奴战斗到最后，被单于亲自率领的三万骑兵团团围困住。尽管李陵箭法超群，兵士勇敢能战，但是最后李陵还是寡不敌众，被匈奴活捉了，投降了匈奴。

消息传回来之后，大臣们都谴责李陵不该贪生怕死，不该投降。汉武帝当时问太史令司马迁，想听听他的意见。司马迁说："李陵带去的步兵五千不足，深入敌人腹地，与几万敌人对抗。虽然打了败仗，可杀了许多敌人，应该能向天下人交代了。但是李陵没有马上去死，想必是计划将功赎罪来报答陛下。"武帝听了，觉得司马迁为李陵辩护的同时有意贬低李广利，于是勃然大怒，说："你这样替投降敌人的叛徒强辩，是不是存心反对朝廷？"于是将司马迁关进了监狱，交给廷尉处理。

案子落到了当时臭名昭著的酷吏杜周手中，杜周对司马迁严刑拷打，要他认罪，但是司马迁忍受了各种肉体和精神上的残酷折磨之后，仍旧没有屈服，也没有认罪。不久之后，有传闻说李陵带匈奴兵攻打汉朝。汉武帝信以为真，于是下令处死了李陵的母亲、妻子和儿子。司马迁也因此事被判了死刑。当时汉朝的死刑要免死的话可以接受两条路，要不交五十万钱，要不接受宫刑，宫刑是个奇耻大辱，污及先人，见笑亲友。但是司马迁选择了宫刑，司马迁在狱中，又备受凌辱，"交手足，受木索，暴肌肤，受榜箠，幽于圜墙之中，当此之时，见狱吏则头抢地，视徒隶则心惕息"，几乎断送了性命。他本想一死，但想到自己多年搜集资料，于是说："人固有一死，或重于泰山，或轻于鸿毛。"想到了孔子、屈原、左丘明和孙膑等人，想到了他们所受的屈辱以及所取得的骄人成果，决定要写部有关历史的书的夙愿，因此为了完成《史记》的写作，他忍辱负重，只有这样才有希望。

后来，汉武帝大赦天下。这时司马迁五十岁，出狱后当了中书令，他还是专心致志写他的书。直到公元前 91 年全书完成，共 130 篇，52 万余言。

一个人只有经过艰苦的磨炼或一系列的挫折之后，才会更易具备成功的品质，这些都是成功路上不可缺的。

原文

废志无以成学，废学无以成材。(《曾文正公全集》)

译文

废除了志向就不能使学习有所成就，而废除了学习则不能够使自己成材。

解读

很多伟人的成功都和学习有着直接的关系。曾国藩生平处世的成功，就可以说是读书的成功。他治学有方，通过读书走上了仕宦之途，广交益友，领会了行军打仗之术，树立并实践了报效国家，明道经世的远大志向。

一个人要想有所成就，必须勤于学习，善于学习，这是一条不言自明的道理。我们现在处在一个高度信息化的社会，又处于一个全球化的市场中，也许每过几秒钟便会有一种新的事物产生。每一个新事物的产生便连带着一种新的经验和运作方式。面对这些新的事物和新的经验，如果谁拒绝学习，那么他便不可能适应崭新的社会与工作，面对他的就将是失败。所以，不能将坚持学习作为一种习惯的话，那么你就是在走向失败。

案例

苏门三父子

很多伟人的成功都离不开学习，那些扬名千古的大文豪更是如此，都是勤于学习，善于学习，才取得了大的成就。只有那些立志于学，并且从学的人才能成为真正的人才。不学无术的人终究也只有个花花架子。

苏洵是北宋著名的散文家，他和他的儿子苏轼、苏辙都以文采著名，被后人合称为宋代“三苏”。

苏洵原本也只是一个非常普通的读书人，但是他在27岁的时候，和往常一样随手翻书阅览书卷，无意中发现了一篇古人爱惜时间、刻苦攻读的故事。于是他反复读了几遍，觉得这个故事就是为他写的，不由得心中发出感叹：“时光飞逝，但是自己已经到了而立之年了，虽然写过一些文章，可都是平庸之作，没有什么大的建树。”他想：“假如我现在还不努力，那我还会有出息吗？”

有了这样的想法之后，苏洵更加发奋苦读。经过一年多的时间，他觉得自己的学业有了长进，于是去参加进士考试，但落了榜。这件事对他的打击很大，可他仍旧没有灰心，重新振作起来学习。

有一天，苏洵在书房里整理自己从前的书稿，发现这些稿子每一篇都不是满意的，于是一把火全部烧掉了，他打算从头做起。从此在家闭门苦读，奔走四方，求师访友，一年到头忙个不停。

经过二十多年的努力奋斗，苏洵已经阅读了大量的书籍，精通《五经》和诸子百家学说，又同时对古今是非成败的道理进行探讨，使自己具有了渊博的知识和惊人的才智，之后写起文章来，到了“下笔顷刻数千言”的程度。他写了许多有研究价值的论文，当时他的大儿子苏轼、二儿子苏辙也都长大成人，也在他的影响下才华出众酷爱学习，于是他就带着两个儿子到京城游学。当时的文坛领袖欧阳修担任翰林学士，他看了苏洵的论文后很赏识，于是他将苏洵的二十二篇文章推荐给朝廷，受到朝廷的重视。一时间，引起朝廷上下的震惊，京城内外的学者传阅他的文章都赞不绝口，并且争相效仿苏洵的文章写作方法。

苏洵这位晚学成才的散文家以及自己的两个儿子，以“三苏”之名闻名于世。他们无一不是学富五车才有惊世骇俗的成就。

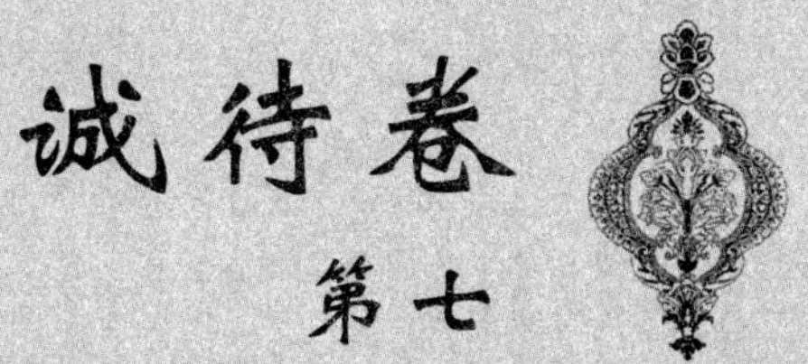

诚待卷 第七

原文

以精微之意，行吾威厉之事，期于死者无怨，生者知警，而后寸心乃安，待之之法，有应宽者二。应宽者：一则银钱慷慨大方，绝不计较，当充裕时，则数十百万掷如粪土，当穷窘时，则解囊分润，自甘困苦；一则不与争功，遇有胜仗，以全功归之，遇有保案，以优奖笼之。(《曾文正公全集》)

译文

用严谨精微的态度，去做树立威严之事，是期望被处死的人没有怨恨，活着的人知道警戒自己，这样寸心之间才能得到安宁。对待下属的方法，有两个方面应该宽。应该宽的：一是使用银钱之事慷慨大方，绝不计较，当钱财充裕的时候，要挥金如土，一掷数十百万；当穷困窘迫的时候，也要慷慨解囊，分利于人，而自甘困苦。二是不与人争功，遇到打了胜仗，要将功劳全部归之于别人，遇有保举的事，就通过保举优奖笼络人。

解读

用人不应选用那些为求名利的人，为名利而来的人往往小肚鸡肠，不堪大用。但在对待下属时，有的时候却一定要出手大方，该赏的时候就要赏，不得有丝毫吝啬。

重赏的精髓在于激发人们表现出潜意识里最具战斗力的一面。获得精神或物质上的奖励是对一个人的肯定，而获得肯定是人的本性，因而，在激发人的潜在能力方面，赏赐就会起到很大作用。俗话说：“重奖之下，必有勇夫。”强烈的物质刺激，可以让部属忘却生死，奋勇献身。而高尚的精神奖励，也具有异曲同工之妙。如果把物质奖励和精神奖励相结合，则实际效果就会更加明显。

赏赐不光是在自己有的时候赏，就是自己穷困窘迫的时候也要慷慨解囊，把利益分给别人，这样部属的感念才会更大，遇到事情时才会为你第一个冲锋在前。

把功劳让给下属也是为官的智慧。当你心甘情愿地把功劳让给下属而不求回报时，就没有哪个下属不肯全心全意替你卖命。有付出才有回报，你付出得越多，得到的回报也越多。

案例

三将让功

《史记》中提到：“天下熙熙，皆为利来；天下攘攘，皆为利往”，人们对于名利的追求已经渗透进了生活之中。在名利的诱惑前，人难免会冲动、无法自制，名利所带来的光环总让人无法抗拒，但是人生苦短，而名利无止境，只有放下名利的光环，才能知足常乐，从容面对生活。在历史的潮流中，为争名利而导致死伤无数的事例数不胜数，但是也流传下来一些淡泊名利，谦虚互让的佳话。

春秋时期，齐国派兵侵占鲁、卫两国，鲁、卫两国只好向晋国求救，晋景公于是命郤克为中军元帅，士燮为佐上军，栾书为下军统领，让他们率兵支援鲁、卫两国。在战事中，郤克身受箭伤，但是还是率军在战场上奋勇杀敌，最终晋军大胜，齐国求和，归还了鲁、卫两国的土地。

三人率众将士凯旋，佐上军士燮走在军队的最后面，他的父亲问他原因，他谦虚地说：“如果我走在最前面最先觐见圣上，那么便会成为众人瞩目的焦点，但是此功是整个军队的，我这么做的话就是代帅受名，所以我不能走在最前面。”他的父亲见儿子如此谦逊，十分高兴。

中军元帅郤克首先觐见了晋景公，晋景公对他赞赏有加地说：“这次打了胜仗，都是你的功劳啊！”郤克却谦虚地说：“这都是陛下您平日教导有方，再加上其他将领们坚持不懈的努力才能凯旋，我哪有什么功劳呢？”

佐上军士燮觐见晋景公，晋景公又说：“这次打了胜仗，都是你的功劳啊！”

只见佐上军士燮也非常谦虚地说：“荀庚出谋划策，郤克指挥有方，我哪有什么功劳呢？”

最后，下军统领栾书也觐见了晋景公，晋景公同样说打胜仗是他的功劳，但是栾书也十分谦虚地说：“这都是士燮指挥有方，士兵们在战场中也毫不畏敌，我哪有什么功劳呢？”

晋景公见三人立了大功，却并没有居功自傲，在名利和荣誉面前都表现得如此谦虚谨慎，于是重赏了三人。这便是“三将让功”的故事。

由此可见，其实慷慨地将功劳、名利让给他人并不是一件难事，只要多一份勇敢、多一份谦虚、多一份善意，你便能得到一份将光环让给他人的自信，这是一种低调处世的谋略。人生并不需要去声张它的厚度、去张扬它的高度，将善意、尊重传递出去，内心便能升起一片宁静，坦然地面对一切。

原文

军中须得好统领营官，统领营官，须得真心实肠，是第一义。算路程之远近，算粮仗之缺乏，算彼己之强弱，是第二义。二者微有把握，此外良法虽多，调度虽善，有效有不效，尽人事以听天而已。(《曾文正公全集》)

译文

军中必须要有好的统领和营官，作为统领营官，最重要的是要有真心实肠，这是第一义。计算路程的远近，粮食和器械的多寡，敌我的强弱，这是第二义。这两点如没有什么把握，即使有许多好的办法，好的调度，也只能有时成功，有时失败，不过尽人事，听天命而已。

解读

治国要得民心，治军要得军心，这是千古不变的道理。“带兵就像父兄带子弟”，运用到用人上，就是上司一定要得到下属真心实意的拥戴才行，这就需要上司要像对待亲人一样对待自己的下属，要有一颗真心实肠。

如果担心下属愚昧无知，就要谆谆地教导他们，担心下属饥寒苦痛，就要精心爱护他们，担心下属没有好的品行，就要严厉地责罚他们，担心下属没有好的前途，就要着意培养他们。

对待下属应该宽严相济，不管是宽还是严，上司都要出于至诚，不要有任何虚伪的表现，这样做起来才会至公无私，才能真正得到下属的爱戴，就像子弟爱戴他们的父兄一样。

案例

瓜熟之约

庄子曰："真者，精诚之至也，不精不诚，不能动人"。每个人都需要得到别人的信任，获取信任的途径莫过于要真诚待人，发自内心地友好与真诚，才能使对方与你肝胆相照、赤诚相见，从而获得更多的支持，得到更多成功的机会。反之，只贪图自己享乐，对待对方总是敷衍了事，那么，最终的结果只有失败，历史上因不真诚而失掉天下的人也非常多。

春秋时期周庄王九年，齐国与宋、鲁、陈、蔡四个诸侯联手一起攻打卫国，卫国顺利被攻陷之后，齐国诸侯齐襄公为了防备周王的讨伐，于是派大夫连称为将军，管至父为副将一同率兵驻守葵邱。葵邱地处偏远，二位将军于是便向齐襄公请示说："虽然戍守边疆非常艰苦，但是君王之令不可违，我们决不推辞，但是希望能够为驻守边疆定一个期限，主公以为该以何时为期限呢？"恰巧齐襄公正在吃瓜，于是为了应付，随口敷衍道："现在正是瓜熟时节，等到明年瓜熟之日，朕必定派遣他人替代你们！"

不知不觉，二位将军在葵邱驻扎了一年，当手下的士兵向二位将军进献刚成熟的瓜时，他们这才想起了与齐襄公的瓜熟之约，但是久等未见齐襄公派来的人，于是只好派遣心腹去打探消息，这才得知齐襄公终日只知寻欢作乐，根本无心治理朝政。于是二位将军又派人向齐襄公进献刚成熟的瓜，希望齐襄公能够想起与他们的约定，哪知齐襄公大怒着说道："朕是君王，派不派遣将士去替代你们是我说了算，现在是要强逼朕派人去替代你们吗？等到明年瓜再熟之日方可派人替代你们！"

二位将军听闻后，愤然决定起兵造反，之后与公孙无知联手一同攻陷了齐国，齐襄王死，公孙无知登位。

齐襄王敷衍了事的态度最终让他失信于人，他并不知道只有以真心实肠，才能得到士卒之心，没有将士们的拥护与爱戴，皇位只是一个冠冕堂皇的虚职。常待人真诚，以心治心，这样才能摒除偏见，得到他人的依赖与拥戴，成功便是众望所归，如同一件平常事而已！

原文

人才何常，褒之则若甘雨之兴苗，贬之则若严霜之凋物。(《曾文正公全集》)

译文

如何才能保持一个人才呢，夸奖他他就是接受了甘霖茁壮成长的禾苗，贬低他他就是饱受寒霜的凋零的植物。

解读

马戏团的演员，在动物表演成功一个高难度动作以后，会给小动物奖励一些食物，这样小动物才有持续不断表演高难度动作的动力。其实，用人也一样，要想人才持续不断地发挥自己的创造力，经常赞美你的下属就绝不可少。

人们工作是为了更好地生存和发展，这就有金钱和职位等方面的愿望，但除此之外，人们也会追求个人荣誉。据调查，有 89% 的人希望自己的领导给自己以好的评价。可见，每个人都非常在乎领导的评价，而领导的赞扬则是下属最需要的奖赏。

领导的赞扬不仅表明了领导对下属的肯定和赏识，还表明领导很关注下属的事情，对他的一言一行都很关心，这样下属自然会发挥出自己最大的工作潜力和表现出最佳的工作状态了。

案例

赏识的力量

世间万物，各有其长、各有其短，一个成功的人能懂得正视自己的不足，扬长避短，挖掘出自身最大的优势来形成优势。但是除了自身的正视之外，往往还需要受到他人的赏识。唐·韩愈《马说》中就提到："世有伯乐，然后有千里马。千里马常有，而伯乐不常有。"在历史上，能够遇到自己"伯乐"的人屈指可数。

汉武帝在位时，特别喜爱诗词歌赋，东方朔、吾丘寿王等有名的文人常伴左右，畅谈文学，十分快活。

一日，汉武帝读到了司马相如的《子虚赋》，被赋中华美的文辞和磅礴的气势深深吸引，他一面不断地拍手叫好，一面又感到惋惜，因为他以为司马相如是前朝人，惋惜世间有如此才子却和他没有在同一个朝代。

这一幕恰巧被替汉武帝管理猎狗的狗监杨得意看到了，他便谄笑着对汉武帝说："圣上，写这篇赋的人正是小臣的同乡司马相如，现在居住在成都。"

汉武帝又惊又喜，于是马上命人去请司马相如进京。司马相如刚进京，汉武帝便马上召见了他，他问司马相如："《子虚赋》是你写的？"

见到了龙颜的司马相如镇定自若地回答道："是的，圣上，《子虚赋》的确出自臣之手，里面写的都是一些诸侯之事，并没有什么了不起的，如若能有幸陪同圣上出行游猎，臣必定写出天子游猎赋献给圣上！"

汉武帝非常高兴，第二天便带着司马相如一同前去游猎，不负众望，司马相如大笔一挥就写了一篇《上林赋》给汉武帝，汉武帝十分满意，封司马相如为郎官。

之后，司马相如作为汉武帝的专使顺利招抚了夜郎归顺汉朝，见状，其他各部落首领也纷纷归顺了汉朝，汉武帝非常高兴，重赏了司马相如，但是后来，因为汉武帝听信小人谗言，认为司马相如收受贿赂，于是罢免了司马相如的官职。司马相如于是迁居茂陵，过着安然悠闲的生活。

当司马相如的文学才赋被汉武帝发现之后，汉武帝便成了司马相如的"伯乐"，深受汉武帝赏识的司马相如同样也付诸衷心与行动助汉武帝稳固江山，因为赏识并不是单方面的施舍，它是智慧与智慧的碰撞，它会使两人相互认可，但是一旦这种赏识消失了，你的才能被对方忽视，那么有才也会没有用武之地，识人用人也是如此，想要发挥对方的长处，除了要独具慧眼之外，还需要重视赏识的力量，权衡把握后去择其之长，避其之短。

原文

唯心诚者，交之。(《曾文正公全集》)

译文

只有心诚的人，才能和他交往。

解读

下属中一个效忠于自己的人，胜过一个才华横溢的人。藏有私心的人是不能信任的。有的人之所以会背叛他们的上司，就是因为他们藏有私心，而私心就是祸心。心中没有私心的人才能对抗诱惑而不为之所动。

所以领导者在用人的时候，一定要注意观察，切莫用到了卑鄙小人，而让自己遭受不必要的损失。在用人之前把所要交的人看懂看透，才能获得所期望的效果，不至于"挥泪斩马谡"。

大凡成功的管理者任用的都是诚信的人。所以在信与不信之间，要掌握好自己的度，知人知面不知心，用人之时，一定要仔细思量，千万不可莽撞。

案例

刘邦选才

"士有妒友，则贤交不亲，君有防臣，则贤臣不至。"在君臣之间，信任很重要，委以重任之人必定是君主信任之人，而在交友时，大多也会相交自己了解或熟悉的人，但是在君臣或朋友之间，难免会有小人纵横，所谓“知人知面不知心”，信与不信则须自己权衡把握，刘邦在选才时总会碰到这样的问题。

汉朝初年，刘邦纳贤，大臣魏无知向他举荐了降臣陈平，因为刘邦非常信任魏无知，便二话未说将陈平封为护军中尉。但是没过多久，朝中就有人向他进谏说陈平是一个一无是处之人，之前投奔魏国，魏国不容他，后来去楚国又不如他的意，无奈之下才来到此处，升了官也罢，刚上任便收受贿赂，这样一个品行低劣之人不能重用，重用便会后患无穷！刘邦听后十分生气，便召见了魏无知。魏无知毫无胆怯之意，理直气壮回答道：“我看中的是陈平的才能，所以举荐他，他的品行如何我根本没有在意，况且品行和才能根本不能合二为一，品行好的人没有才能也不能为君主所用，现在正是用人之际，品行和才能兼有之人少之又少，选拔这样一个人，会耽误您得天下的大事啊！”

刘邦心中之疑并没有因此而消减，在用与不用之间他无法凭这些一面之词做出抉择，于是他召见了陈平。陈平知道刘邦的疑虑之后，坦然回答道：“因为魏王一意孤行，所以我离开他；因为楚王疑心太重，所以我离开他；因为听闻皇上您任人唯贤，与人为善，所以我来投奔您，我自信在您这里能够施展才华。收取贿赂确有其事，实则是臣另有用处，皇上若不信微臣，大可派人去我家查，贿金我一两未动，全都贴上了封条，封条上写着‘特殊军饷’，因为我相信重赏之下必有勇夫，这些钱财可供以后行军打仗不时之需。”

刘邦听后十分高兴，庆幸自己没有听取小人之言而错失良臣，之后刘邦升了陈平的官，陈平也一心一意辅佐刘邦，直至刘邦夺取天下。

挑选人才，不能一味挑剔苛责，用其所长，容其所短，才能得人才、用人才。用人不疑，疑人不用，用人时，须全面了解对方，在小人得志时，应该坚持自我，全面权衡，这样才能把握住“求友须在良，得良终相善。求友若非良，非良中道变。”的不确定性。

原文

余所见将才杰出者极少，但有志气，即可予以美名而奖成之。(《曾文正公全集》)

译文

我所见过的将才，杰出的实在太少，但只要有志气的人，就可以给他美名，鼓励他，成全他。

解读

俗话说：“鱼儿不上钩，是鱼饵味不香；猴子不上杆。是锣鼓声不响。”只有在鱼饵中放入香油、鸡肠、蚯蚓等有滋有味的配料，才能诱鱼上钩。只有把锣鼓敲得震耳欲聋，表演节目的猴子才会心血来潮，尽兴表演爬杆绝技。

同样，对于那些有志气的人才，也要时时奖励他，给他美名。奖励，不仅对一个人从事一项新工作有积极的推动作用，有的甚至会决定一个人的终生职业和促其成为伟大的人才。

古语云：重赏之下，必有勇夫。对于个人的奖励不单单是一种物质利益的给予，而更重要的是对于其自身价值和努力的承认。美国著名心理学家马斯洛认为，驱使个人成长和创造的动机，是由数个需求层次组成的，最高层次的需求是自我实现。一个人努力和行动的目的就是获得别人的认可——自我实现的形式。因此如果顺应个人的努力和行动，对其表现进行积极地肯定甚至奖励，将极大地激发个人积极性。

因此，管理者必须学会建立有效的奖励制度，提升员工对于企业价值的认同，树立其对于企业的忠诚，以便在此基础上实现其人生价值。

案例

曹操的“奖励制度”

俗话说人才难聚，而要去管理和维系这些人才往往更加困难，这便需要制定一定的管理制度，其中“奖励”的作用尤为重要，因为人往往希望自己的付出能够获得一定的物质回报或是精神上的肯定，只有真正得到了这些奖赏，才能激励他们为你奋力拼搏，才能提高他们的忠诚度。在历史上，能够将“奖励制度”发挥得淋漓尽致的人当数一代枭雄——曹操。

曹操相信“重赏之下必有勇夫”，他清楚奖励的重要性，奖励是不能够朝三暮四的，一旦实施就必须执行，因此曹操“赏罚必行”。该得到重赏的，毫不吝啬；违令该罚之人，绝不包庇。“赏”是为了调动部下的积极性，激发部下的潜在能力，“罚”则是为了杀一儆百，约束部下的行为准则。“赏罚必行”则正好体现了曹操的诚信，激励着部下更加效忠于曹操。

奖励往往能够直接提高部下的积极性，曹操对忠于自己的贤才无不施以奖赏，并且能够对不同的人采取不同的奖励标准。他提出“贤者食于能，斗者食于功”，“凡英明的君主，不官无功之臣、不赏不战之士，治平赏得行，有事赏功能”，擅长谋略的贤才可运用自己的智慧效忠国家；骁勇善战的勇士也可以通过自己的武力来立功，如此便能使得人尽其才。

曹操对不同的情况也能采取不同的奖励方式。当关羽将袁绍的大将颜良斩首之后，曹操便立即上奏朝廷，封关羽为汉寿亭侯，之后更是“始置名号侯至五大夫，与旧列侯、关内侯凡六等，以赏军功”，这样不仅维系了各列侯之间的平等关系，也避免了朝廷的权利被分散，这种“爵位奖”的建立大大刺激了人们对于职级的欲望，从而更加拥护曹操；曹操在潼关用反间计击败马超之后，得知马超逃脱，于是下令“无分昼夜追击之，得其首级者，赏千金，万户侯；生擒者，封为大将军”，这样明码标价的“分级奖赏”激励着众将各争其功，马超被追得狼狈不堪。

曹操从不吝惜钱财和爵位，用高官厚禄来笼络人心，收纳各种人才，当时，曹操拥有的人才无论在数量上、质量上都是无人能及的，如此一来我们不难发现，建立公平、公正、合理的“奖励制度”是提高个人成就感强有力的手段，也能实现“互惠”作用，在识人用人时，值得我们借鉴。

原文

驭将之道，最贵推诚，不贵权术。(《曾文正公全集》)

译文

驾驭将官的方法，最重要的是推诚，而不是耍权术。

解读

诚是儒家思想中一个很重要的概念，被认为是天地万物存在的证据，同时也是一个人道德修养中很重要的一个方面。

曾国藩把人的心诚作为判断一个人的基本标准，认为只有诚实的人才可以和他交往，才能有信誉可言。而且他也认为要驾驭将官，也必须对别人推诚，而不是玩弄权术。

一个领导者诚心诚意地对待别人，渐渐地就能使别人为我所用，即使不能让他们全心全意地为我效力，也必然不会有先亲近而后疏远的弊端。只有智谋和权术去笼络别人，即使是驾驭自己的同乡也是不能长久的。因此，领导者对待下属，选拔人才，都必须要保持一颗至诚之心才行。

案例

烽火戏诸侯

所谓“君子一言，驷马难追”，诚实守信乃人立足之本，一个人的信誉关乎他的际遇与生存，人无信则不立，周幽王烽火戏诸侯是诠释这一点的典型故事，周幽王也因为他的愚昧而臭名昭著。

在西周时期，为了防备西边犬戎部落的骚扰，便在镐京一带修建了许多烽火台，一旦发现有犬戎部落的袭击，士兵便在烽火台点上狼烟，诸侯们看到狼烟后便能迅速出兵支援镐京。烽火台的建立为保护西周的安全提供了便利。

西周晚期有个周幽王，是一个非常残暴且愚昧的君王，他有后宫三千，其中偏爱王妃褒姒。褒姒长得十分貌美，《东周列国志》中形容褒姒美貌时用了这样一段话："目秀眉清，唇红齿白，发挽乌云，指排削玉，有如花如月之容，倾国倾城之貌。"有着倾国倾城之貌的褒姒虽深受周幽王的喜爱，但是她却从不开颜一笑，周幽王为得红颜一笑，便赏千金得王妃一笑之法，于是有人提议烽火戏诸侯，换褒姒一笑。在一天傍晚，周幽王带着褒姒登上城楼，命令点起烽火，各地诸侯看到烽火，以为西戎来犯、天子有难，于是纷纷率兵赶到京中救援，哪知京中并无战事，反倒灯火辉煌，喧闹四溢，询问后才得知是周幽王为得褒姒一笑而戏弄了他们，诸侯们感到十分不满，但是敢怒不敢言，只得率兵狼狈回营，褒姒见此情形果真露出了戏弄的微笑，周幽王满意而归。

不久，西戎果真来犯，周幽王下令点起了烽火，但是各诸侯都以为周幽王又是故技重施，存心想戏弄他们，于是都没有派出援兵，结果都城被西戎攻下，周幽王也命丧黄泉，西周灭亡。

"两心不可以得一人，一心不得百人"，周幽王为得一人之笑，而失去了各诸侯的信任，鲁莽地使用传递战事信息的烽火，失天下、失性命，落得如此悲惨的下场，只因他的无信。因为一己之私而丢失诚信，为一己之欢而丢失为人之本，虽不会落得如周幽王一般丢天下、丢性命的下场，但是也将无法成功做成任何一件事，只有保持一颗诚信之心，才能得人心。

原文

衡人亦不可眼界过高。人才靠奖励而出。大凡中等之才，奖率鼓励，便可望成大器；若一味贬斥不用，则慢慢地就会坠为朽庸。(《曾文正公全集》)

译文

衡量一个人也不能眼界太高。人才是靠奖励得出来的。一般那些中等人才，只要时常给他们以奖励和鼓励，他们就可能成大器。而如果一味地批评或是不用，那他们也会慢慢地变得平庸。

解读

赞美和鼓励是“零成本”的激励，“气可鼓不可泄”，对于下属，几句真心的赞美也许就能创造一个奇迹，因为你真心地赞美了部属，就能激发他们的自信和勇气，使他们在工作中做出更好的成绩来。

管理者应该通过表彰个人的卓越表现来认可他们的贡献。在奖励上要力求创新。奖励方式的创新是没有限制的，除非是你的想象力枯竭了。公开承认别人的贡献，那将使得受奖者的行为被同僚们注意，让别人看到受奖者的贡献也可以强化他的地位，培养积极的期望。让别人自我领导并自我设定目标，而不是由你告诉他们。

为了得到鼓励，你必须先进行鼓励。当你让别人觉得自己很好时，他们也会让你觉得自己很好，并学习表达鼓励的方法，这可以称之为“互惠原则”。如果你想在公司得到真正的权力，就必须精通鼓励的艺术，如此才能让下属觉得受到重视，并让他们乐意付出时间和精力，为你的事业拼搏。

案例

气可鼓不可泄

一个人要做成一件事，不仅仅要自己付诸行动，首先需要的是自信心。但是在面对困难和挫折时，潜意识里便会产生对未知结果的担忧，从而影响一个人的自信心。当在成功与失败的边缘徘徊时，自信心往往起着决定性的作用。诸葛亮就说过：“恢弘志士之气，不宜妄自菲薄。”只要内心有了积极向上、坚定勇敢的力量与信念，那么便离成功不远了。宋朝大将军狄青就非常清楚自信的重要性。

北宋时，狄青受命率军征讨侬智高，因南方大多都信奉鬼神，所以在经过桂林南部的时候，狄青便率军前往桂林城外的一间大庙参拜。他掏出一百个铜钱捧在手中，真诚地向神明祈祷：“此次出征，胜负难以预料，特意前来参拜，请神明明示。如若我能大获全胜，那么就让我投下的一百个铜钱都正面朝上吧！”

左右将士一听，纷纷上前劝阻，神明的旨意没有人能够揣测得到，如果结果不如人意，势必会严重影响将士们的士气！狄青对他们的意见置若罔闻，双手一挥，一阵清脆的响声过后，所有的铜钱全部都散落在地，仔细一看，竟然全部都出现了正面！顿时，全军欢声雷动，无不欣喜。狄青命左右将士用钉子将一百个铜钱全部钉在地上，并且用青纱盖上，说等到凯旋之日，再来谢神取钱。

将士们在战场上斗志激昂，连连战胜，没过多久便攻破了侬智高。狄青率军凯旋，回到神庙谢神后，狄青揭开青纱，将地上的一百个铜钱收回，传递给左右将士一一细看，将士们这才知道，原来铜钱的两面是一样的，都是正面！为了鼓励士兵，激励人心，狄青特意准备这样一出戏，为的就是以神明之说来振奋人心，建立自信，从而使得将士们对战事毫不畏惧，更加骁勇善战。

在行事中，一些简单的赞美或是鼓励的确能够激励自己坚定内心，但是真正能够持续不断地激励不应该只是来自外界，而应该是自我的内心。只有当激励深入了内心，内心产生的动力才会促使我们采取行动，驱使我们去直面困难。只有去挑战了，只有行动了，只有去面对了，才会有成功的可能性。

原文

治军总须脚踏实地，克勤小物，乃可日起而有功。凡与人晋接周旋，若无真意，则不足以感人；然徒有真意而无文饰以将之，则真意亦无所托之以出，《礼》所称“无文不行”也。（《曾文正公全集》）

译文

治理军事须脚踏实地，能从小事小物诚恳勤持，就可以日日积累而有所成就。凡是和人接触应酬，如果没有诚意，就不足以感动人；然而只有诚意却没有适当的行为举止，那么便表现不出诚意，这就是《礼记》中所说的“没有文饰，美德便无从表现”了。

解读

不管是待人接物，还是管理应酬，要想取得好的效果，都离不开一个“诚”字。只有诚心诚意地去对待人，才能让人感动，才能获得良好的人际关系，也才能让人才感受到自己的重要性，从而乐意为你效劳。

但是，“诚”要从内心做起，不能停留在表面。如果只有诚意而没有适当的行为举止，别人就不会真正地感受到你的诚意，对于你的请求或邀约也就可能不为所动。只有内心诚，而且在行为举止上也表现得诚心实意的人，才能真正获得贤才的青睐。正如刘备三请诸葛亮一样，如果没有刘备的纡尊降贵，执礼以待，诚心相邀，诸葛亮想必也不会受其感召而成为蜀国丞相的。

案例

三顾茅庐

孟子曰："诚者，天之道也；思诚者，人之道也。""诚"是一个人的立足之本。为人首先需要的是心诚而不是心计，所谓"精诚所至，金石为开"，刘备对诸葛亮的"三请"便可体现这"心诚"的重要性了。

汉末，黄巾事起，天下大乱，曹操得朝廷，孙权拥东吴，刘备为打破这严峻的形势，听闻诸葛亮很有才能，足智多谋，便领关羽和张飞带着礼物一同前去襄阳古隆中请诸葛亮出山。

一行人风尘仆仆来到诸葛亮住所，但是恰巧诸葛亮有事外出，刘备只好失望而归。过了些时日，刘备一行人又出发了，途中遇大风大雪，狼狈不堪，但是到了之后，又闻诸葛亮外出闲游，刘备只好留下一封信，信中表达了他对诸葛亮的钦佩和想请他出山协助自己挽救国家的意愿，之后便离去。第三次，刘备吃了三天素，沉淀了自己体内的世俗之气后，准备再次前往诸葛亮住所，但是关羽却说诸葛亮肯定是浪得虚名，根本不是什么真材实料，不必再去，而张飞更加鲁莽说请刘备许他一人前去，如果诸葛亮不出山便将他捆绑下山。刘备把关羽和张飞责备了一番，认为自己想请诸葛亮出山本就是无理在先，诸葛亮的确没有义务要同他出山，而如果他再鲁莽行事，诸葛亮誓不出山，那么国家必亡。于是，三人又一同前去请诸葛亮。直到中午，他们才来到诸葛亮住所，见诸葛亮正在休息不便打扰，便在外等待，直到诸葛亮醒来两人才第一次正式交谈。刘备虚心向诸葛亮请教救国之计，诸葛亮对当时的形势分析得毫无分差，刘备放下身段，请求诸葛亮出山，诸葛亮被刘备虚心求才的行为所感动，于是便同意下山辅佐刘备救国。

诸葛亮在著名的《出师表》中写道："先帝不以臣卑鄙，猥自枉屈，三顾臣于草庐之中"，正是刘备的"诚"，三顾茅庐后才得诸葛亮，这不是刘备的假意，也不是刘备的心计阴谋，这种心诚是一种人格魅力，是一种智慧，是一种品德。"诚"并不是靠言语或是行为上的"卑躬屈膝"，而是由内心升华的诚意，只有精诚所至，才能真正做到金石为开！

原文

思古圣人之道莫大乎与人为善。以言诲人，是以善教人也；以德薰人，是以善养人也，皆与人为善之事也。君相之道，莫大乎此，师儒之道，亦莫大乎此。(《曾文正公全集》)

译文

我觉得古代圣人最大的道义莫过于与人为善了，用言语教导人，是在用善教人，用品德感染人，是在用善培养人，这些都是与人为善的事啊。君主和臣相之间，学生和老师之间，也没有比与人为善更大的道义了。

解读

曾国藩在与同僚相处时，非常重视与人为善、取人为善，投桃报李，连环相生。曾国藩帮助僚属部下建功得赏，举荐升迁，僚属部下也帮助他扶危解难，兴旺发达，于是湘军才成了一个和衷共济，充满战斗活力的团队，让曾国藩事业的“雪球”越滚越大。

每一个管理者都应像曾国藩一样，善意地对待所有下属，真心实意地去帮助他们，使他们能够感念你的恩德，正如曾国藩的幕僚对待曾国藩一样，或效其坚忍，或师其勇毅，或明其大道，或法其坦诚。

如果一个管理者能选择将“与人为善，取人为善”作为自己处事为官的法宝，那他的事业就必然会人才聚集，逐渐兴旺发达。

案例

“与人为善”的楚庄王

孟子曾曰：“与人为善，善莫大焉。”与人为善是人与人相处时必不可少的一种素质，也是一种良好的心态，更是一种不是所有人都能做到的崇高境界。要做到与人为善，不外乎就是要善待他人，做到宽容大度，用宽容友好的心态去理解、去包容他人，这是一种积极向上、充满着智慧的为人处世之道。与人为善也常会让人得到意外的收获。

春秋时期“五霸”之一的楚庄王，是一位治国有方的明君，在用人治国上，他常常能够做到“与人为善”。

一次，因接连打了几次大胜仗，楚庄王下令犒赏军中将士，还特意在宫中设宴，与将士们开怀畅饮，宴会上，楚庄王还让他的爱妃许姬为每一位功臣敬酒。

许姬长得十分貌美，她遵照楚庄王的命令向每位有功将士敬酒，而此时，一名叫唐狡的将士已喝得酩酊大醉，见貌美的许姬向自己走来以为是仙女下凡，恰巧一阵风吹熄了宫中所有的蜡烛，唐狡便趁机上前抓住了许姬的衣服。许姬奋力挣脱，并且机智地拔下了唐狡头上的帽缨，转而请求楚庄王为她雪耻。

如此大逆不道的事让在场人都震惊了，唐狡猛然从醉梦中清醒，明白自己此次是难逃死罪了，吓得浑身是汗。

但是更让在场人震惊的事是，楚庄王并没有追究这无礼之人，反倒对许姬加以责备：“酒后失礼不可当真，我怎能为此去惩治一个刚刚从战场上拼杀下来的勇士呢？”接着又令所有人都拔下自己的帽缨，这才将蜡烛点亮，大家面面相觑，都不知道这无礼之人是谁，只有唐狡暗自庆幸，十分感激楚庄王的大度。

几年之后，楚国又陷入了战争，楚庄王亲自率领三军督战，唐狡请求做开路先锋。唐狡率百余人，直入敌军腹地，勇猛之势无可抵挡，敌军望风而逃，楚庄王率大军紧追其后，最终大获全胜。

事后，楚庄王重赏唐狡，唐狡却说：“在宴会上我无意冒犯了王妃，大王却没有加以追究，即便我肝脑涂地也无法报答大王，怎能还要奖赏呢？”楚庄王十分感动，深深地体会到了关爱将士的重要性，最后还是重重地奖赏了唐狡。

小小的善举往往能够带来大大的回报，俗话说“海纳百川、有容乃大”，与人为善者能包容一切，善待一切。常做到“与人为善”，便会在不经意间得到对方的心，这是一种隐形的智慧，也是一种无形的相助。

原文

欲夺其心，理当卑身虚心，诚心待人。(《曾文正公全集》)

译文

要想赢得别人的心，就应该放下身段虚心请教，用一颗诚心去对待他人。

解读

要想让人为你所用，“顺着别人毛摸”的技术就不可少。人是喜欢别人“顺着毛摸”的！如果你能这么做，那么必有人才聚于你的麾下，而且能让别人受到你的影响。

人当然没有一身的毛让你抚摸，人的“毛”就是性情、脾气、观念，也就是“我”！你如果能顺着对方的脾气和他交往，不去违抗他，他当然会乐意和你共事了。

不过，“顺着毛摸”可不是要做个凡事顺着别人、没有自我的人，如果你真的如此，那你就成为别人的影子了。其实，“顺着毛摸”只是方法，而不是目的，你如果能成熟地运用这个方法，别人就会在不知不觉之中受到你的影响，甚至接受你的意志。

案例

“铁齿铜牙”纪晓岚

在为人处事中，常忌讳率性而为。每个人都有自己独特的性情、脾气和观念，如若在与他人相处的时候，总抱着以自我为中心的态度，率性且不自知，最终只会害了自己。反言之，人都喜欢别人顺着自己的性情和脾气，在相处过程中，顺着对方的性情行事，对方也会在不经意之间受到你的影响，从而接受你的意志。“铁齿铜牙”纪晓岚在与皇帝乾隆相处时，便常常能够顺着乾隆的性情、意志行事，用这种巧妙的方式来保护自己。

纪晓岚学识渊博，机智敏捷，特别是能言善辩，满天下无人不知，乾隆皇帝虽然也知道，但是他总想试试他的机智。

一次，乾隆特意命人将纪晓岚召唤进宫，问纪晓岚：“何为忠孝呀？”纪晓岚不假思索答道：“君叫臣死，臣不得不死，为忠；父叫子亡，子不得不亡，为孝。此便为忠孝！”话音刚落，乾隆便说：“好！那朕就赐你一死！”纪晓岚虽然感到十分惊讶，不知道为什么要突然赐他一死，但是皇帝之命不可违，便郑重地答道：“谢主隆恩！”三拜九叩之后，便匆匆离去。

半柱香的时间后，纪晓岚便又气喘吁吁地回来了，直接跪在乾隆面前，说：“请皇上收回成命！”乾隆不明此意，便假装严肃说：“大胆纪晓岚！你敢违抗圣命不成？”纪晓岚答道：“皇上，臣不敢违抗圣意啊！刚刚我正准备跳河自尽，但是没想到屈原从河里出来了，他怒气冲冲地说他投江是因为楚怀王昏庸无道，而当今皇上皇恩浩荡，贤明豁达，为什么不效忠于圣上而要自杀呢？听他如此一说，我便回来了！”

如此一来，乾隆便陷入了两难，让他死则表明了自己是昏庸无道；不让他死便如同拿圣意当儿戏，但是转念又一想，纪晓岚的不死，不就是说明自己是一位明君吗？于是大笑着说：“好一个纪晓岚！”

在为人处事时，特别是在面对这种强硬势力的时候，如果硬碰硬，事情往往会变得更糟，不妨先顺着对方的想法，然后再另辟蹊径将事情的发展引导至有利于自己的方向。但是，顺承对方的意志并不是要丢了“自我”，凡事要自己去权衡把握、巧妙地运用这种办法，只有这样，才能真正发挥此类方法的作用！

原文

尝自虑执德不宏，量既隘而不足以来天下之善，故不敢执一律求之。虽偏长薄善，苟其有裨于吾，未尝不博取焉以自资益；其有以谠言急论陈于前者，既不必有当于吾，未尝不深感其意，以为彼之所以爱我者，异于众人泛然相遇情也。(《曾文正公全集》)

译文

我曾经思虑自己心胸不够宽宏、器量狭小的话就不能博取天下的美德，因此不敢拿一个标准来强求他人。哪怕是一点长处、一点善行，如果它有益于我，都广泛吸取以求培养自己的德行；那些以正大之词、劝勉之论前来告知我的人，即使不一定投合我的心意，也从来都没有不深深感念他的诚意，认为他对我的关心，和其他人的泛泛之词迥乎不同。

解读

一个人的成功或失败，关键在于他能不能把与自己交往的朋友转化为自己的资源，把别人的能力，转化为自己的能力。而要做到这一点，就要求我们能够以诚待人，用真诚来打动对方的心，虚心接受对方的意见，而不是虚与委蛇，从而使别人信任他，他也才能交到真正的朋友，吸引真正的人才，真正做成大事。

处世交友是需要待人以诚，虚心接受别人意见，从不苛求于人的，这样我们才能让别人来助我们成功。而那些不能够待人以诚的人，就不能交到真正的朋友，而成为漂流孤岛之上的“鲁宾逊”，事业的发展就会失去许多良机，成就伟业也就只能是一种妄想。

案例

晏子的交友之道

“君子与君子以同道为朋，小人与小人以同利为朋”，小人与小人之间存在利益关系，而君子与君子是因为相知才相交。如何才能与人相知相交，也许不一定需要相同的志向或者性情，如同刘备三顾茅庐，诚之所至，则处处皆通。晏子的交友之道便是如此，以心交心，便能交到能在自己破落时也能善待自己的朋友。

晏子是我国春秋后期的一位影响力深远的思想家，他才思过人，在交友方面，他能识人知人，对待朋友以心交心，更重要的是他对待朋友“久而敬之”，越是交往时间长的朋友，他越是付以真心，谦卑有礼，真诚有加，别人越是珍惜这份友谊，也更为尊敬他。晏子虽不轻易交友，但是他的朋友却很多，情谊都非常深厚，其中北郭骚便是。

北郭骚是春秋时期齐国的一位名士，是有名的大孝子。他家境贫寒，已经到了无钱供奉父母的地步，听闻晏子与人为善，于是前去寻求帮助。晏子很早就听说过他的名号，觉得他的人品很好，没有因为他没钱而瞧不起他，不仅热情款待了北郭骚，并且还赠送了他许多粮食和钱财，表达了自己诚心想与之交友的意愿，并不是想靠救济或是施舍来维持交情。北郭骚很感动，谢绝了钱财收下了粮食，从此，两人成为了交心的朋友。

没过多久，因为齐景公听信小人谗言，下令捉拿晏子，晏子不得不逃亡他国。临行前与北郭骚告别，北郭骚知道了晏子的情况，甚是担忧，但是也只是说了一句“请好自为之”，便匆匆送客。

晏子刚走，北郭骚便设法前往皇宫觐见齐景公，他慷慨激昂地说：“晏子是名震天下的相士，因为他在，齐国得以保全，现在他逃亡了，齐国必定不保，我不想看到国家生灵涂炭，我愿用生命为晏子洗清冤屈！”之后，北郭骚自刎身亡。齐景公甚是后悔，亲自将晏子追了回来，晏子得以保全性命。

愿为朋友牺牲性命的友谊，是以“诚”为前提的。“诚”便是尊重，便是恭敬，便是谦虚，便是平等，待人以诚不以伪，如此才能感受“雪中送炭”的温暖，这样才能“得道者多助”！

法矩卷

第八

原文

立法不难，行法为难，凡立一法，总须时时行之，且常常行之。(《曾文正公全集》)

译文

立法并不难，难在执法。每制定一项法令，都必须切实地实施它，并且要长期地坚持下去。

解读

法令是社稷的准绳。不以规矩，无以成方圆；不以法令，无以立社稷。

对于管理者，同理，如果没有严格的企业制度约束员工，是难以形成井然有序的工作氛围的。因此，成大事者要统率团队就少不了铁的纪律，要想使自己的主张得以贯彻，就要抓住两点，一是要一而再再而三地申明做法和道理，让下属知道如何行动，再就是要依章办事，如果有玩忽职守或违抗规章制度的，就要找出首恶严惩，收到惩一儆百的效果。当然，对做得好的也一定要不吝奖赏。

总之，国有国法，家有家规，公司有公司的规章制度，需要提的是，无论是国法，家规，还是公司制度，都应该以人为本，寓德于发中。这样，才能得到长治久安。

案例

国无法不治，民无法不立

俗话说得好，“国无法不治，民无法不立。”一个国家如果没有法律，那么便没有了规则，也无法衡量事物的对错，老百姓们更加无法过上井然有序的生活。对于我们现在所生活的社会主义国家而言，法律便是衡量一切行为规范的标准。如果没有法律，那么整个国家就无法正常运转。即便有了法律，如果人人都不遵守，那么法律也只不过是纸上谈兵，对于这一点，唐太宗便深有体会。

在唐太宗李世明登位之初，大夫魏征便向唐太宗上奏说：“陛下严厉地实行法令，约束各地的不法之徒，但是在朝廷之中，却还是有人要触犯它。朝廷之人带头违法，各地方的官员自然更加放肆，百姓自然无处安身，陛下的治理之法自然也无法得到实施，这样，国家没有不乱的啊！”

唐太宗十分诧异，对魏征大加赞赏，努力完善各类法律。过了几年后，唐太宗召见魏征，询问自己这些年的治理如何，魏征说：“国家在陛下的治理之下，进步非常之大，达到了前所未有的繁荣昌盛，但是在以法治国之上，还是有所欠缺，对进谏之人的态度也大不如从前。”唐太宗甚是惶恐，命他举例说明，魏征继续说：“治国之初，陛下判处元律师死刑，当时孙伏伽进谏说‘按照法律，元律师罪不至死，不能容许无约束的暴政’，陛下十分赞赏孙伏伽，甚至将兰陵公主赏赐给了他，虽然有人说陛下给的奖赏太过优厚，但是对于引导臣子们的敢于进谏起到了非常大的作用。之后，陛下您的政权稳定了，国家也兴盛了，特权思想也膨胀起来了，以法治国的思想也淡化了，在对待陕县丞皇甫德上书一事上，由于他的言辞过于激烈，陛下您便派人抓他，虽然最后陛下听了臣的劝告放了他，但是您的思想上却并不愉快。”唐太宗十分惭愧，说：“诚如公所言，朕并没有看清楚自己的过失，你一定要经常提醒我，我一定不违背你的话。”

唐太宗不仅要求百姓守法，也约束自己守法。虽说所有的管理者都知道“无规矩不成方圆”，但是在实施过程中总会因为利益而变质，只有立法守法，法才能起到所谓“法”的作用。

原文

专从危难之际，默察朴拙之人，则几矣。人才非困厄则不能激，非危心深虑则不能达。(《曾文正公全集》)

译文

专门在危难的时候，暗中观察那些朴实无华、不善言辞的人，这是最好的方法。人才不在艰苦的环境中磨炼，就不会奋发有为；没有经历过危心深虑的事，就不能显达。

解读

领导者下面的人才不在多而在精，那些真正称得上是人才的人，必定是从艰苦卓绝的环境中磨炼出来的，尤其是在困难的时刻，他们更能爆发出惊人的能量。

而要考察一个人值不值得用，也只有把他们放在最艰难的环境中才看得出来，或者是在困难的时候暗中默默观察他，如果他能坚持下去，那这样的人才就必然值得任用。因为有的人在平时和安逸的环境中看不出能力，而在困境中，却总能让人刮目相看。

俗话说："困境是最好的大学。"每一个强者，都必须通过这所"大学"的进修才能成为真正意义上的人才，才能奉献更多的能量。逆境成就强者，逆境造就人才，用人者应该牢记这一点。

案例

逆境成就强者

孟子曾经说过："天将降大任于斯人也，必先苦其心志，劳其筋骨，饿其体肤，空乏其身，行拂乱其所为，所以动心忍性，曾益其所不能。"没有遭遇过艰难困苦的人生，它的韧性如何谁也不清楚，只有在艰难困苦中闯荡出来的人内心才足够坚韧，性格才足够坚定，他所具备的才能绝对是温水中的"青蛙"所无法匹敌的。而这种韧性、坚毅往往只能在逆境中才能被激发，才能被显现。在历史演变的舞台上，有着非常多的坚韧之士，其中匡衡便是这样的人。

匡衡出生在一个非常贫困的家庭，连蜡烛都买不起。年幼时的匡衡并没有被贫困打倒，他十分热爱学习，在忙完农活的空闲时间便读书，常常读书直至黄昏，没有一丝光亮了才遗憾地收起书本。有一天黄昏，天已经暗下去了，他正准备收起书本，突然看到有一丝微弱的光亮，原来是自家破旧的房子的墙上有一个破洞，从洞中溢出一丝微弱的烛光，这是邻家的光亮，匡衡便将破洞凿大，光大了一些。借着这束光，匡衡读完了更多书。

由于勤学苦读，匡衡的学问长进很快，但是由于他家的条件有限，他能看到的书少之又少，并且书的内容有局限性，于是他便到同乡的大户人家里去做雇工，不要报酬，唯一的条件就是让他把主人家的书全部熟读一遍，主人听了非常感叹，十分乐意将书借给他读。有了书，有了光，还有了坚韧的意志，很快，随着匡衡的年龄不断增长，他的学问也越来越高，后来受到汉元帝赏识，被封为安乐侯，当上了宰相。

古之立大事者，不惟有超世之才，亦必有坚忍不拔之志。家喻户晓的匡衡并没有特殊的才能，他的成功源于他坚韧的意志。如果一开始，匡衡出身优越，性情傲娇，那么历史上将会少了这样一个会凿壁借光的少年。在逆境中，我们勇往直前，以乐观积极的心态对待逆境，不放弃对成功的追求，不失去希望，那么便能战胜逆境，成为强者。

原文

人才至难，往时在余幕府者，余亦平等相看，不甚钦敬，洎今思之，何可多得？弟当常以求才为急，其冗者，虽至亲密友，不宜久留，恐贤者不愿共事一方也。(《曾文正公全集》)

译文

获得人才是很困难的，过去有些人做我的幕僚，我也只是平等对待，对他们不是很钦敬，待到今天来看，这些人是多么不可多得。你应该常常把求才作为重要的任务，至于那些无能的人，即使是至亲密友，也不应久留，这主要是担心有才的人不愿与他们共事。

解读

对于人才，上司就应该表现出自己以诚相待的态度，而不要把他们放在和一般人一样的位置，不要用一根尺子去考量所有的人，专人专用，才能让人才觉得自己受到了重视，也才能尽最大的努力为你办事。

不要把人才和庸人放在一起。对于那些无能的人，即便是自己的亲友，也不要留用，可以在生活上照顾他们，但不要在工作中提携他们，因为那样的话，会让真正的人才觉得受到了不公平的对待，造成人才的流失。

领导者如果能坚持襟怀坦白，公道正派，做到客观看人、科学识人、公正用人，就能为人才打开进步的“绿色通道”，不会让那些投机钻营、心浮气躁、沽名钓誉、不干实事的庸人得利。

案例

怀才不遇

在中国历史上，怀有大才而屡屡不得志的人非常多，特别是在三国时代。在这样一个需要人才的朝代里，大量才华横溢的英雄们乘时而上，名震天下，但是也有非常多抱荆山璞玉的可塑之才被历史淹没。有些虽被赏识和提拔，但是还是未尽其才；有些人命运多舛，所托非人，郁郁不得志，虽然这些人都出现在了历史上，却无法凸显他们的才能，后人只能感慨万千了。

在三国演义里，陈元龙就是这样一个地位一般的小人物，感觉有些阴狠狡诈，难登大雅之堂，但是事实并非如此。据记载，一个叫许汜的名士从广陵到了刘表处，他们谈论起了陈元龙，说他不懂待客之礼，自己睡舒适的大床，而让许汜打地铺，认为他没有礼贤下士，成不了什么气候。当时刘备正好寄住在刘表家，听后便有些嘲讽说："我非常了解元龙，他心中全是国家大事，自然不愿意和你这样的文人咬文嚼字，他不屈于小节，而你呢？除了吟诗作对，风花雪月，没有一句真知灼见，要是我，直接挖个坑让你睡，还给你打地铺？"接着刘备又对刘表说："像元龙这样文武双全有胆识之士，恐怕当朝无人能及啊！"

虽然刘备如此高度评价陈元龙，但是曹操却并没有重用他，在灭了吕布后，仅让陈元龙当了广陵太守。在曹操讨伐袁绍时，陈元龙便向曹操进谏了自己的战略，但是曹操没有当回事，而是将各州郡的精兵集中起来讨伐袁绍，导致南方的防御非常薄弱，江南的孙策便伺机而上，进攻广陵。即便如此，陈元龙以计谋混淆了孙策的视听，摇旗呐喊之势犹如成千上万士兵，孙策不敢贸然前进，只好撤退，陈元龙乘胜追击，掳获不少辎重，曹操因此对他刮目相看，但是陈元龙却得重病而死。曹操叹息良久，对下属感叹说："当初我真应该早点重用陈元龙啊！"

一代英雄英年早逝，最终都没有得到重用，让人扼腕叹息。怀才不遇之心，无不寂寥。为领导者便是如此，识才用才惜才，有才之士才能得以体现；科学识人，才不会得不偿失。

原文

凡吏治之最忌者，在不分皂白，使贤者寒心，不肖者无忌惮。若犯此症，则百病丛生，不可救药。(《曾文正公全集》)

译文

凡是官吏的治绩最忌讳的，就在于不能分辨青红皂白，于是让贤德的人害怕痛心，而不贤德的人却无所畏惧。如果犯了这样的毛病，那就会百病丛生，无法挽救了。

解读

作为优秀的领导者，对待下属一定要一视同仁，处理事情一定要有理有节，不可把人分成三六九等，也不可只凭自己主观好恶就去评论一个人，而不论事情的根由。

领导者不分青红皂白，必然会让贤德的人感到担忧，因为他们做了好事却还会面临受罚，而那些小人却会感到无所畏惧，你的不分青红皂白正是他们喜欢的，他们可以针对你的这个特点来给你设套，陷害栽赃给那些贤德的人。

可见，处理事情没有原则，必然会百病丛生，无法挽救。为此，作为领导者对待下属时，就不能偏听偏信，要一视同仁，当有事情发生时，要多方听取意见，按照事情的本来面目去处理，千万不可不分青红皂白，在结果没出来之前就胡乱惩治了下属。

案例

昏庸秦二世

苏轼的《题西林壁》一诗中写道：不识庐山真面目，只缘身在此山中。看不到庐山的真面目，是因为处在山中，只能看到庐山的一山一角，并不能看到庐山的整个面目，因此也不能凭靠这一山一角而推测整个庐山。在生活中，人应当具备辨别是非的能力，不能单靠只言片语而鲁莽下结论，在历史中，秦王便是不相信自己而信奸臣，最终闹出“指鹿为马”的笑话。

秦二世时，丞相赵高有谋反篡位之意，但是他不知道朝中有多少大臣听命于他，有多少人违背于他。于是，他想出一个计策来试试自己的威信，摸清大臣们的想法，以便让自己无后顾之忧。

一日上朝时，赵高牵来一只鹿献给秦二世，说：“陛下，这是难得一见的千里好马！我特意将它牵来奉献给您！”秦二世一看，心想这明明是一只鹿啊！于是略带嘲笑地对赵高说：“丞相搞错了，此乃鹿也！”赵高继续说：“这真是一匹好马！陛下您若不信，可以问问朝中各位大臣。”

一些正直，刚正不阿之人，坚持认为这是一只鹿而不是马，而一些奸诈狡猾，附庸赵高之人，一看便知赵高此次的用意，纷纷对皇上说此乃千里好马也！而剩下一些胆小如鼠之辈，迫于赵高的位高权重，虽知是鹿却沉默不语，面露难色。

秦二世见朝中大臣意见不一，心想可能是自己孤陋寡闻，听信奸臣之说，接受了赵高送“马”之心，还大加赞赏，说得到了一匹好马！

事后，赵高通过各种手段将那些说是鹿的正直大臣治罪，有些甚至遭到了灭门之灾。

不分是非之人往往会让奸诈小人利用，从而让贤德之士遭受不平的待遇，得到不该得到的处罚。秦二世的没有原则、不分青红皂白残害了忠心耿耿的臣子，明知是鹿却不相信自己，偏信是马。如若秦二世早些看清赵高老奸巨猾的一面，事情也不会演变于此。奸猾小人无可避免，坚持自我，全面考虑问题才是正道，做明辨是非之人，过明白理智的生活。

原文

惟用人极难，听言亦殊不易，全赖见多识广，熟思审处，方寸中有一定之权衡。(《曾文正公全集》)

译文

用人是最难的事情，听从言语也特别不容易，全靠见多识广，深思熟虑，果断处理，以上中一定有个一定之规。

解读

领导者要让自己的下属心服口服地为自己卖命，就必须要对下属施与恩惠，让下属自觉地将自己的利益和上司联系在一起，不然就会觉得有负上司。

但是领导施恩也要讲究方法，它和施威不一样，施威只需有过必罚就行了，相对比较简单，而施恩则要施得巧妙，施得艺术，施得不露痕迹，才能得到事半功倍的效果，不然一番好意就可能变成是让人感觉在接受嗟来之食，而与你的初衷背道而驰。

领导施恩，可采用推功揽罪、不罚示恩等，具体事情具体考量，总之一定要施得巧妙，这样下属才会对你投桃报李。

案例

管仲相齐

人非圣贤，孰能无过。

人并不是神，都无法保证自己不犯过错。一个人会犯错，最主要的就是自己的想法和观念错了，想法和观念错了，才会导致错误的行为。如若知错能改，纠正了观念，将功抵过，这对于管理者而言，绝对是有利而无害。管仲和齐桓公之间的故事恰恰就很好地诠释了这一点。

管仲年轻时家境贫困，先是经商，后才从事政治，鲍叔牙非常欣赏管仲，与之交好，有"管鲍之交"的美称。后来，管仲辅佐齐国公子纠，鲍叔牙则辅佐其弟公子小白。

当时，齐襄公施暴政，百姓怨声载道，鲍叔牙护送公子小白逃到莒地，而管仲则护送公子纠逃到了鲁地，后齐襄公被其侄子公孙无知所杀，公孙无知篡位。鲁国人派兵护送公子纠回齐国夺取皇位，公子纠得知公子小白先行一步，为了帮助公子纠得到皇位，管仲单枪匹马，独闯公子小白营地，假意示好，趁其不备，以箭射之。管仲见公子小白口吐鲜血，便赶回公子纠处。公子纠以为政敌已除，便从容不迫地赶往齐国，谁知，公子小白已登基为王，号齐桓公。原来那次管仲并未射中公子小白，箭射到了公子小白腰间的铜鼓上，口吐鲜血之势只是公子小白咬破舌头假装中箭的障眼法，公子小白快马加鞭赶往齐国，使齐国大夫雍廪杀了公孙无知，随即登位。

之后，齐桓公命鲁国杀掉了公子纠，管仲也被抓起来了。齐桓公命鲍叔牙为宰相，而鲍叔牙则说，如果要治理好齐国，一定要任用管仲为宰相、于是齐桓公不计前嫌，命鲁国将管仲送回齐国，齐桓公甚至亲自迎接管仲，重用管仲为相，实施改革。

作为齐桓公的政敌，甚至还谋杀过齐桓公，被齐桓公如此器重，管仲无疑是幸运的。齐桓公的大度与不计前嫌也为他带来了益处，在管仲的匡扶下，齐桓公政绩优异，一度在各诸侯中称霸，让华夏族免受蛮夷的迫害，维护了华夏的文化，成就了一番霸业。在历史上，管仲的形象褒大于贬，而评判功与过的关系，需秉持着一颗客观而公正的心，善待对方的错误，给人一个将功补过的机会，事情也许会有意想不到的结果。

原文

带勇之法，用恩莫如用仁，用威莫如用礼。仁者，即所谓欲立立人，欲达达人也。待弁勇如待子弟之心，尝望其成立，尝望其发达，则人之恩矣。礼者，即所谓无众寡，无小大，无敢慢，泰而不骄也。(《曾文正公全集》)

译文

带兵之道，用施恩的方法，不如用仁的方法，用立威的方法不如用礼的方法。仁就是自己想要建立的就让别人也建立，自己想要发达的，就让别人也发达。对待部下，就像是对待自己的子弟一样，一心希望他们能够发达，能够建功立业，这样他们就知道感恩戴德了。礼就是无论人多人少，无论是大还是小，不敢有所怠慢，安泰但不骄横。

解读

现代企业的用人管理和古代的带兵之道大同小异，都是需要讲究仁和礼的。

仁就是自己想要建功立业，就先让下属建功立业，自己想要兴旺发达，就要先让下属兴旺发达。对待下属要像对待子弟一样，总是希望他们能朝好的方面走，能建立功业，能兴旺发达，那么下属就一定会对你感恩戴德，从而众志成城让你也建功立业，兴旺发达起来。

礼就是不管人多人少，官大官小都要一视同仁，不敢怠慢。在高位时不骄傲自大，盛气凌人。不管在哪儿，都衣冠整齐，举止严肃，让下属望而生畏。这样在无形之中就会给人一种凛然不可侵犯的气势，下属也就自然会感觉到你的威严了。

一个管理者如果能做到这两点，那就一定会所向披靡，无往不胜，也就没有用不了的人，管理不好的团队了。

案例

曹操执法如山

商鞅说“王子犯法，与庶民同罪”，不管你是位高权重的王子，还是地位卑微的百姓，如若触犯了刑法，都应该得到处罚。人都会追求平等，只有得到了公平的待遇，如果对于百姓而言，法才是“法”，那么即便是地位再高的皇帝，他也无法得到百姓和臣子的支持。

三国时代的曹操，他虽野心勃勃，毛病不少，但是他在他所统领的军队之中，却是信誉极好之人。

一次，曹操亲自统领大军讨伐叛贼，在行军的路上，看见路边的麦子都成熟了，但是当地的老百姓迫于士兵的威严，不敢靠近，更不用说收割麦子了。曹操见此情况，便派人挨家挨户告诉各百姓和各地官吏，说：“我此行是受皇帝旨意，讨伐叛贼，为民除害。但现在正值麦子成熟之际，现下令，如若有践踏麦子者，即刻斩首示众！”

刚开始百姓们都不信，但是偷见士兵们在经过麦田时都是手扶麦穗，无不小心。百姓们大喜过望，互相称颂曹操的为官之道。正当此时，曹操策马而行，忽然，田间一只鸟腾空而起，曹操所骑之马大受惊吓，四处乱窜，毁坏不少麦子，曹操见状，叫来随行的官员，治自己践踏麦子之罪。官员诧异，不敢从命，但是曹操却坚持说：“命令是我亲自下的，如果连我自己都不遵守，那么谁会听命于我呢？一个不守信用的人，怎么能统领这成千上万的将士呢？随即便抽出腰间的佩剑，想要自刎示众，众人连忙劝阻。重任在身的统领，怎能一死了之呢？军不可一日无主，曹操沉思许久，用剑削断自己的头发，传令说：“丞相曹操践踏麦子，本应斩首示众，但是兵不可一日无主，且现行还有天子多交重任，现削发代首。”在当时，所有人都认为“身体发肤受之父母”，削断头发便是大逆不道之事，是不孝的表现，这和斩首示众没有什么区别。曹操因此赢得了士兵和百姓的信任。

曹操将自己和士兵放在了同等的地位上，不搞特权主义，所有人在法令面前都一视同仁，曹操赢得了信任，士兵们赢得了尊重，有这样一位勇士的带领，士兵们自然更加卖力和团结。领导者平等对待下属，以礼相待，以诚相待，领导者收获的是下属的忠心耿耿，下属得到的是领导者的尊重，与平等相伴，才能实现上级和下属的双赢。

原文

古来名将，得士卒之心，盖有在于钱财之外者。后世将弁，专恃粮重饷优，为牢笼兵心之具，其本为已浅矣，是以金多则奋勇蚁附，利尽则冷落兽散。(《曾文正公全集》)

译文

自古以来的名将，能够得到士卒的衷心拥戴，主要原因不在于依靠钱财。后世的一些将领，专门依靠钱多粮多来笼络士兵，这样其军心就不巩固，所以钱多人人奋勇归附，无利可图就会作鸟兽散。

解读

有的用人者认为，只要给人才许以高薪厚禄，人才必然会为我所用，其实这是非常错误的。专门依靠高薪来笼络人才的，人才的心也不会完全尽忠于你，如果有一天你给不了这个高薪了，那你下面的人才自然就会流失。

自古以来那些能够成功留住人才的人，靠的都不只是高薪，他们更注重自己在精神层面对人才的吸引力。

孟子曾经说过：“得道者多助，失道者寡助，寡助之至，亲戚叛之；多助之至，天下顺之。”行事作风能够让下属认同的领导者，就是得道者，得道才能多助。领导者应该致力于推心任贤，只有上下齐心，下属才会紧密地团结在你的周围。

领导者应时常提醒和告诫下属，让他们及时指出自己在某些方面的缺点和不足，以便修正自己，减少在工作中的失误。他能够认识到受谏诤只能增进人的聪明，并认为这是一个企业长治久安的重要条件，这是非常正确的，也是非常睿智的。而仅仅用钱粮去笼络人才的人，则是非常肤浅的。

案例

杨震暮夜拒馈金

人的一生中，常被金钱、美色、名誉、地位等物质所诱惑，能够做到不为金钱所动、不为名利所累，不为情色所惑是相当不容易的，心如止水，不为外界之物所诱惑的人早晚都会誉满天下。司马迁曾说："名节重泰山，利益轻鸿毛。"杨震便是这不贪慕虚荣，能够坚持自我的人。

东汉人杨震是个勤奋好学的人，博览群书且公正廉洁，不谋私利，是个深受百姓爱戴的清官。某年，他在荆州为官时发现王密才华出众，是个人才，便向朝廷建议任用王密，因此，王密得以任昌邑县令，王密对杨震更是感激不尽。

后来，杨震被调到东莱任太守一职，途中恰巧经过昌邑，王密得知后，亲自到郊外迎接他。到了晚上，王密便前去与杨震小聚，俩人把酒畅谈，通畅天下时事，不知不觉，以至深夜。

王密见天已暗，故从怀中拿出十斤黄金放在桌上，推至杨震面前，谦虚谄媚地说："恩师难得光临，故卑职准备了一点小礼，报答恩师的提拔之恩！"杨震见状，十分生气，他知道王密送金一是为了报恩，二是为了贿赂，要他以后多多关照他，但是他岂是贪慕虚荣之人，于是对王密说："故人知君，君不知故人，何也？"王密不明所以，杨震继续说："以前我向朝廷举荐你，是因为我十分看好你的才能，希望你能够做一个清正廉洁的好官，为朝廷为百姓做些实事，但是今天你的行为，实在让我感到失望，你违背了我对你的厚望啊！你要报答我的事只有一个，那便是精忠报国，而不是送礼啊！"王密以为杨震是不好意思，假装客气，坚持说："暮夜无人知啊！"杨震立刻大声训斥道："你说的这是什么话！天知、地知、你知、我知，怎么能说没人知道了？难道因为没有其他人在，你我就要泯灭自己的良心，做个贪官吗？"王密顿时感到十分惭愧，拿着黄金匆匆离去，从此不敢再行贿赂之礼。

人一旦选定了自己要走的路，就应该朝着这个目标前行，途中不因思谋金钱而停留，不因贪恋美色而沉沦，也不因名誉地位而驻足，不为诱惑所动，这样才能够不半途而废，这样才能走向成功之道。迷恋诱惑的人往往会自甘堕落，只有坚持自我，不受诱惑，便也可如同杨震一般"暮夜拒馈金"，清廉之名满天下。

原文

带兵之人，第一要才堪治民，第二要不怕死，第三要不急于名利，第四要耐受辛苦。(《曾文正公全集》)

译文

带兵的人，第一要有治理百姓的才能，第二要不怕死，第三要不急于求得名利，第四要不怕辛苦。

解读

带兵的人，就是将才，放到现在来说，就是能带领团队博弈的人才。这样的人不要钱财，不要奉承，但有四点是必须要具备的。

首先是才堪治民，要才能高。有才的人才能治理百姓，才能管理团队，才能服众或让团队成员信服，而那些唯唯诺诺的人，虽然能够一时快活，但在实际工作中必然漏洞百出，终究得不到下属的拥护。

其次要不怕死。有些围着领导转的人，在真正的危机出现时，总是临阵脱逃，这主要还在于他们平时围着领导转不是出于真心，而且他们也没有真才实学。那些平时坚持自己的原则，不奉承，不拍马屁，但能够在危险来临时迎难而上的人，才是值得用人者好好注意的人。

再次是不急于名利。老老实实，勤勤恳恳的人，是人才中最坚贞的，工作中各种实绩无不来源于他们。所以用人者应当着意留心这类人，虽然他们不好功名，但你却可以给他们以功名，让他们干出更多实绩。

最后是不怕辛苦。朴实之人做朴实之事，狡猾之人做狡猾之事，朴实的人任劳任怨，不会多说，这样的人用人者也应留心考察。如果是上述四个条件都具备的人，那必然是一个能带好团队的不二人选，用人者定当委以重任，并推心用之。

案例

越王勾践

带兵之人，第一要才堪治民，第二要不怕死，第三要不急于名利，第四要耐受辛苦。所谓治民之才，不外乎公、明、勤三字，不公不明，则将士不会心悦诚服，不勤，则政务荒废；怕死之人，临阵脱逃，士兵怎么能够效忠于他呢？急功近利者，与士兵争毫厘，致使士兵怨声载道，不战而败；身体羸弱之人，行军千里，自然成疾。带兵之人，四者缺一不可，历史上，越王勾践便是这无可厚非的带兵之人。

公元前496年，吴王阖庐举兵讨伐越国，越王勾践亲自派遣精兵向吴军进攻，越军的强悍让吴兵瞠目结舌，越军趁其不备大败吴军，吴王阖庐被射而亡。之后，其儿子吴王夫差日夜操练士兵，誓必报杀父之仇。越王勾践打算先发制人，但是范蠡不赞同，认为无理由先发动战争势必会遭受天谴，对越国不利，越王勾践一意孤行，举兵吴国，最终，被吴王夫差包围在会稽。

越王勾践非常后悔，为保全性命及江山，采纳范蠡的意见，派人给吴王送去丰厚的钱财，经过反复劝说，吴王最终赦免了越王，撤军回国。越王勾践侥幸逃脱一死，回国后，越王苦心经营，把苦胆挂在座位上，时刻警醒自己记住会稽之苦。为了保证吴国不再进犯，范蠡和柘稽作为人质在吴国待了两年。

过了几年，吴国结了不少仇家，一直战争不断，并且骄傲狂大，越王勾践一直忍辱负重，等待时机报会稽之仇。又过了几年，吴王夫差率领精兵直达黄池，国都兵力空虚，越王趁机攻打吴国，在范蠡的辅佐之下，越王将吴王包围在姑苏山，对峙持续了好几年，吴王也多次向越王求情，越王勾践不忍心杀害于他，但是最终，吴王自杀身亡，越王安葬了吴王，至此，离会稽之辱已有二十余年。

所谓“众人以顺境为乐，而君子乐自逆境中来”，越王勾践二十余年的

"卧薪尝胆"造就了他的伟业。他有治民之才，能忍常人不能忍之辱，能受常人不能受之苦，爱军爱民如爱子，当之无愧为能带兵之人！清朝小说家蒲松龄曾作对联赞曰:"有志者事竟成，破釜沉舟，百二秦关终属楚。苦心人天不负，卧薪尝胆，三千越甲可吞吴。"成大事者，治事宜勤，操守宜廉，行军宜爱民，说话宜诚信。四者缺一不可，无以官大而忘之也。

原文

治兵之才，不外公明勤。不公不明，则兵不悦服；不勤，则营务钜细，皆废弛不治，故第一要务在此。不怕死，则临阵当先，士卒乃可效命，故次之。为名利而出者，保举稍迟则怨，稍不如意则怨，与同辈争薪水，与士卒争毫厘，故又次之。身体羸弱者，过劳则病，精神短乏者，久用则散，故又次之。(《曾文正公全集》)

译文

治兵的才能，不外乎公明勤这三个方面，如果办事不公正，赏罚不明，士兵就不会心悦诚服；如果不勤于职责，军营里的大小事务便会堆积，难以处理。所以，最重要的就是要公正、勤快。不怕死，与敌人对阵时，才会身先士卒，士兵也才能为你所用。这是第二重要的方面。带兵之人，如果是为了自己的名利，那么保举功劳时稍不及时，官场稍不如意，便有怨恨之心，与同僚比薪水高低，与士卒斤斤计较，这是较下等的带兵之人。如果身体不健康，稍有操劳，便精神疲惫。稍有过度，就精疲力竭，这是更下等的。

解读

治兵者，和现代的管理者类同，也需要讲究公明勤三个方面。

公是办事公正，明是赏罚分明。仲弓曾经说过："立身庄重而行动简约，以此来管理百姓，不也可以吗？"意思是说，管理者的庄重可以增加威信。的确，很多情况下，威信的树立也不是通过发怒来完成的。残暴就像烈火，瞬间即发，让人猝不及防；德仁就像水，细水长流，让人身心坦然；只有处事公平，有功则赏，有罪必罚，才会令人畏服。

领导者要树立起自己贤明的形象，就必须要能尽量做到处事公正合理，令人信服。就像诸葛亮所说的："尽忠益时者，虽仇必赏；犯法怠慢者，虽亲必罚。"

再者就是要勤于职责了。如果不勤于职责，大小事务就会堆积如山，处理起来也会力不从心，那样还如何能让下属信服呢。勤能补拙，即便自身有些不足的地方，也是可以通过勤劳来补救的。而勤于职责，更是能给下属们做出良好的表率，你勤劳了，下属自然也不敢偷懒，这样，团队或企业的效率自然也就出来了。

案例

赏罚分明晋文公

唐太宗在《贞观政要·封建篇》里说："国家大事，唯赏与罚。赏当其劳，无功者自退。罚当其罪，为恶者咸惧，则知赏罚不可轻行也。"治理国家是一件不容小觑的事，须赏罚分明，造福百姓之人则赏，危害天下之人则罚，只有这样，大家才能为善去恶，法令才能起到管理作用。赏与罚，往往也需要做到"不私于党"，不能因为犯错之人的地位，或是与犯错之人的关系而藏有私心，虽然能够做到这点的人不多，但是在历史的进程中，也出现了不少赏罚分明之人。

晋文公在登位之前，曾在曹国遭受磨难，幸得僖负羁舍命相救，当时的晋文公无以为报，便立下誓言，等将来飞黄腾达，必定报答相救之恩。之后，晋文公率军攻打曹国时，为了报答僖负羁的救命之恩，便向所有将士下令，不准扰乱僖负羁的住宅，不能侵占僖负羁的财产，胆敢有不从者，必定处以死刑！

令已下，城已得，一切好像都在晋文公的把握之中，谁料想，晋文公的大将魏平和颠颉偏不服从命令，不但带领军队将僖负羁的家包围，还放火烧了僖负羁的房子，情急之下，僖负羁爬到屋顶，魏平却无罢手之意，跟随僖负羁爬到屋顶，想将他杀死，岂料，梁木因大火焚烧而垮塌，正好把魏平压在大木之下，幸好颠颉及时相救，才保全性命。

随后，晋文公得知此事，非常气愤，决定依法处置魏平和颠颉。朝中大臣纷纷求情，认为魏平和颠颉跟随晋文公多年，替晋文公立下不少汗马功劳，杀了实在可惜，可戴罪立功，饶他们不死。但是晋文公却说："功是一回事，过又是一回事，赏罚必须分明，如若每次都能以功抵过，那么有功之臣便能毫无忌惮违抗国君之命吗？"因此，晋文公下令革去了魏平的官职，处死了颠颉。至此，朝中无人再敢违抗晋文公之令了。

严肃的纪律，自然能够使部署产生敬畏之心，赏罚分明也是为了树立严明的形象，所谓"一言九鼎"，说出来的话自然要做到。赏与罚需分明，也需适度，赏是为了激励，罚是为了警醒，滥赏或滥罚也会有适得其反的效果。成事不能只靠赏，立威也不能只靠罚，只有做到赏罚分明，赏罚有度，才能真正做到号令如山，用人也将变成一件游刃有余的简单事。

原文

凡将才有四大端：一曰知人善任，二曰善觇敌情，三曰临阵胆识，四曰营务整齐。(《曾文正公全集》)

译文

能担任将才的人需要有四方面的能力。第一是要知人善任，第二是要善于观察敌情，第三是在战斗中要有胆识，第四是自己的部队、营地要严肃整齐。

解读

古来能成为大将之才的人，都是智勇兼备之人，不仅如此，他还需要能够知人善任，善于管理。

这同现代要求的管理人才和竞争型人才的素质一样。知人善任，要明白自己的下属各有什么样的才能，再将他安排在最适合他发展的岗位，给他一片自由翱翔的天空，他才能发挥自己最大的潜力，做出更大的成绩，而不是胡乱安排，让人有才使不出来。

这样的人也要善于观察对手的情况，现代社会是一个竞争激烈的社会，俗话说“知己知彼，百战不殆”，只有充分了解对手，才能为自己制定出合适的策略。同时，在与对手正面交锋的过程中，也要有胆识，有担当，勇者无畏，临阵不怯懦才是取胜的关键。最后是要会管理，要凝聚自己的团队，要上下一心，要有严明的纪律，没有这些，团队就会成为一盘散沙，那还谈何发展前进呢。

案例

知己知彼，才能百战不殆

老子云：“知人者智，自知者明。”意思就是，人要做到智慧通达，就要做到知己知彼。知己，需充分了解自己，不能依靠他人，这样，才能够从容不迫对待成功或者失败；知彼，就要提前了解对方，是同伴，则能投其所好，知人善任，团结友爱；是敌人，则会更加谨慎行事，对症下药，不战而胜。北魏大都督侯渊就是这样一个能够做到知己知彼的人。

侯渊率七百骑兵对阵拥兵数万的葛荣部将韩楼，侯渊不畏敌方人多势众，孤军深入敌方腹地，袭击了韩楼一支约五千人的部队。突遭袭击的韩楼士兵并没有做出强烈的反抗便四处逃窜，侯渊趁机抓了许多俘虏。

回营之后，侯渊命部下将俘虏放了，甚至还把缴获的马和口粮分发给了他们。侯渊的部下极力劝说，认为这是放虎归山，徒增对方兵力。但是侯渊却说：“我军仅七百士兵，势单力薄，现在的情形就是敌众我寡，我万不能与韩楼拼实力、拼消耗，但是韩楼却不知道我军现在窘迫的情形。我深知韩楼是个生性多疑之人，现在我将这些俘虏放回去，韩楼肯定会对这些人产生怀疑，这招离心计，必定能够扰乱韩楼的判断，在他举棋不定，内部混乱之时，我军才能趁其不备，攻克敌城！”侯渊的部下这才恍然大悟。

一切如同侯渊设想，当俘虏刚回到韩楼营地，侯渊便立即率兵跟进，天没亮就发动了攻击。韩楼本来就对这些士兵有疑虑，一看侯渊已来攻城，便断定这些人是侯渊内应，他由疑生惧，顿时慌了手脚，落荒而逃，刚出城便被侯渊部队活捉了。

侯渊的“知己知彼”，令他以少胜多。在这样的军事纷争中，了解自己的状况很重要，摸清对方喜好，性情，从而采取一些有针对性的谋略更加重要。“知己知彼，才能百战不殆”，这作为一种智慧，一种关乎胜败的策略，被古今中外的军事家所推崇，在社会的各个领域、阶层都受用，这种策略是相互的，这是对付对手的妙招，但是也是对方对付自己的方式，在竞争中，须知己知彼，但是也要小心防范对方的“知己知彼”，不然就会成为第二个韩楼。

原文

权位所在，一言之是非，即他人之荣辱予夺系焉。(《曾文正公全集》)

译文

权力和地位高的人，一句话的是或非，就能决定他人的光荣与耻辱、给予或掠夺。

解读

在传统的封建政治中，统治者拥有最高的权力，掌握着最后的生杀大权，君主的一言一行，各种措施都会影响平民百姓的生活。

现在虽然早已不是封建统治的阶段，但在上者的言行，仍然会对他的下属产生很重要的影响，即便不再是生杀予夺之类残酷的事情，但也能影响到他的情绪和态度。如果因为自己的言行给下属造成了不好的印象，引起下属的反感或分化，那也是得不偿失的。

所以，在上位的人，应该谨慎自己的言语，慎用自己手中的权力，不要让自己成为麻烦的制造者。明太神兵朱元璋说："好功则贪名者进，好财则言利者进，好术则游谈者进，好谀则巧佞者进。"虽然朱元璋说的是古代帝王的心术，但对现代的管理者而言，也有极强的警示意义。

案例

谨言慎行

常言道：人生有三宝，谦虚、勤奋加思考。谦虚谨慎、勤奋刻苦，三思而后行，称帝者，须谨遵其训。为帝者，都掌管着生杀大权，故更要谨言慎行，如鲁莽大意，按照自己的喜好而行事，将士、大臣、百姓学而为之，国家必然无法繁荣昌盛，宋仁宗赵祯便是这谨言慎行的代表人物了。

在中国以"仁"而闻名天下的皇帝寥寥可数，宋仁宗称得上第一了，身为帝王的他，越是清楚自己手中的权力责任大，越是严厉要求自己，谨言慎行，做天下人的榜样。某年初秋，刚到蛤蜊上市的季节，蛤蜊新鲜美味，很快便被献到了御宴上，宋仁宗有些好奇地问："这时节就有这美味的蛤蜊了？不知道价如何？"侍从如实禀报说："每枚一千钱，共献28枚。"宋仁宗深感心疼，他一直秉承勤俭朴实的生活作风，享用一顿美味的蛤蜊却足足花费了两万八千钱，他说："我时常告诫你们一定要勤俭，戒奢靡，而今天，我一动筷子，两万八千钱就没有了，如此之贵的东西，我承受不起！"一顿下来，宋仁宗硬是没有享用昂贵的蛤蜊，他以身作则，过勤俭简单的生活，部下臣子自然不敢过于奢华，普天之下，无不安详平和。

宋仁宗对自己非常苛刻，但是对百姓却非常宽宏。相传四川有个老秀才，不满现实的打击，便作出一首怪诗呈给成都太守，其中一句是："把断剑门烧栈阁，成都别是一乾坤。"诗中显现造反之意，太守惊慌，将老秀才交给宋仁宗定罪。按常理，谋反之罪，理应抄斩，但是宋仁宗却反其道而行，不仅没有怪罪于他，而是十分理解他的不满，同时也欣赏他的大胆，封他一个司户参军之职，以表鼓励。

宋仁宗生前的谨言慎行无不彰显着他的仁慈，他逝世后，宋朝百姓无不悲恸。即便他身为九五之尊，但是他衣食简朴，为人仁慈宽厚，言语宽容大度，行事谨慎小心，"仁君"美名流传千古。君王好战，善战之人可大展拳脚，百姓则会常年陷入战争；君王好文，文人秀才便更有发展空间，民间爱文之人也会日益增长，君王的喜好、言行直接影响着臣子、将士的言行，百姓的安危全权掌握在帝王的手上。掌权者，谨言慎行，才能平定天下。

原文

惟柔可以制刚很之气，惟诚可以化顽梗之民。(《曾文正公全集》)

译文

只有用轻柔的手段才能消除别人刚狠的气焰，只有用一颗诚心才能化解顽劣的乡民。

解读

领导者在上时，要树立自己的威严，可以表现得凛然不可侵犯。但同时，领导者也应树立自己柔和亲民的形象，做到恩威并施，不偏不倚。

古人曾说过：“一位当政者，要想统治好一个国家，必须要德威兼备，宽严得宜。如果只施以小惠，而没有威严，国民就会像一群在溺爱中成长的孩子不听教诲，将来更不可能成为有用的人。相反，如果对任何事都采取严厉的态度，或许在表面上能使人遵从，但绝不能使人心服，事情也就很难顺利进行了。所以一定要有公平的赏罚，施恩于人，如此才是真正的威严。没有恩，只有威是没有用的；而没有威，只有恩也不会发生效力。但最重要的还是要了解百姓的想法，如果无法做到，即使恩威并施，也不会发挥真正的效用。”

这真是至理名言。威是严格、责备，恩是温和、奖励。身为一个领导者，对于恩、威要能配合运用。公平的赏罚，才是真正的威严；恩威并用，宽严得宜，才会事半功倍。

案例

狄仁杰施恩受“报”

古之成大业者，未必有万夫不当之勇，但手下谋臣勇将及能人异士无数，能够将这些贤人聚集在一起，全靠领导者的凝聚力，但是，要长久地留住这些才华横溢却也心高气傲之人，这也是考验领导者的一大问题。古代帝王驾驭群臣的权术无外是恩威并施，施恩可以让你精忠报国，为帝王鞠躬尽瘁；施威可以让你不敢轻易冒犯君威，唯帝王之命不敢违之。相比要去施威，那么如何巧妙地施恩才是最为关键的，狄仁杰便是如此，施恩不当，也可能会招来杀身之祸。

神探狄仁杰在洛阳任大理丞相时，每件事都亲力亲为，对重罪在身之人，必定亲自审问。一名叫艾介的盗贼即将问斩，狄仁杰按例审问，但是在审问过程中，艾介痛哭说自己家中还有年迈老母，他死后家母便无人赡养，无人送终，伤心难过之貌无不让在场人动容，艾介跪在狄仁杰面前，请求他能够看在老母的分上，饶他不死。

狄仁杰一时感慨万千，一念之差，便将艾介放了，命他一定要重新做人，好好照顾老母。这一放，被来俊臣抓住机会，状告朝廷说狄仁杰枉顾王法，狄仁杰锒铛入狱，最后被贬为彭泽县令。

因济南的姐姐久病不愈，狄仁杰在去探问途中恰巧遇到了艾介，艾介盛情邀请狄仁杰去家中做客，晚宴过后，狄仁杰被安排在西房歇息。哪知艾介夫妻见恩人并不图报，还动起了杀心，好心的下人告知了狄仁杰事由，狄仁杰一片寒心，策马扬鞭，飞驰而去。途遇大河挡路，便在渡口一间小铺暂作歇息。

铺主姓高名义，深更半夜，见狄仁杰单身匹马，好奇询问，狄仁杰便将事情缘由说了一遍，话音刚落，从梁上跳下一名蒙脸好汉，手上的刀寒光凛凛，哪知好汉只说了一句：“我真混蛋透顶，多悬没误伤好人！”便转身离去，再来之时，手上便提着艾介夫妇两人的人头。狄仁杰得以幸免于难。

不当的施恩，并不会得到对方的回报，甚至还会不利于自己。给予对方信任是首当其冲，但是也要考察对方是否值得信赖，如若对方是阴狠狡诈之徒，即便施恩也不起作用。施恩要施得巧妙，施恩太少，使人感觉得不到重视；施恩太多，使人无以为报，宁愿不再见施恩之人。切记施恩的微妙所在，对对的人施恰当的恩，施恩才能发挥它真正的效用。

清污卷

第九

原文

用人之智去其诈，用人之勇去其怒。(《曾文正公全集》)

译文

使用人才时，如果要用智谋时就必须去掉他的奸诈，要用他的勇敢时就必须去掉他的怒气。

解读

在这个世界上，小人也并不就是无用之人，他们也许才华横溢，但只是品德有失高尚。对于这样的人，要用到他们的智谋，而不能用他们的奸诈，且要想办法将他们奸诈的本性去除，软硬兼施，对智谋处赏，对奸诈处惩，既怀之以德，又严之以法，如此小人亦可为我所用。

而大勇的人，往往气魄大，脾气也大。大勇的反面，就是多怒，佛家称之为“嗔”。如果一个大英雄、大丈夫，没有暴烈的坏脾气，那就很可贵了。所以对于这种人，就要想办法用到他们的勇气，而要消弭他们的怒气，同样要在实践中奖惩有度，让他们知道你的分寸。

其实，大智大慧和老奸巨滑，大勇和大怒都在人的一念之间，要让人才真正发挥作用，就必须两手都要硬，使他们扬长避短，为我所用。

案例

小人之长

清代著名诗人顾嗣协在《杂兴》一诗中写道:“骏马能历险,犁田不如牛。坚车能载重,渡河不如舟。舍长就其短,智才难为谋。生才贵适用,慎勿多苛求。”尺有所短、寸有所长,人也是如此,人无完人,每个人都有其擅长之处,扬长避短,因材施用才最为关键。英雄豪杰往往脾气大,或是有其他怪僻,而小人,也有超乎常人之长。

嘉靖时期,正值两广叛乱,首辅高拱十分看好殷正茂,便派他去平定叛乱,但是朝中大臣一致反对,因为殷正茂是个不折不扣的贪财之人。在当代,贪污并不算特别严重的罪行,但是殷正茂贪污的恶名实在太大了。但是高拱却认为,他虽贪污,但是在军事作战方面的确是个人才,也非常有经验,他也知道,如果派殷正茂去平定叛乱,他至少会贪污掉三分之一的军饷,但是他的确是可造之材,派他去也一定会平定叛乱,他是有能力完成这件事的,如果派一个为官清廉的人去平定叛乱,即便他不贪,一旦不能平反,事情一拖再拖,所需增加的军饷也不是一个小数目。大臣们还是坚持反对,高拱反问:“殷正茂不去,谁去?”大臣们便沉默了,最终,高拱还是派殷正茂去了两广平定叛乱。

临行前,高拱的亲信进谏说,将十万钱财交给一个清廉之人,让他跟随殷正茂一同前去,可防贪污。高拱却说:“不必了,就直接给殷正茂,因为殷正茂必贪。”

果然,没过几个月,殷正茂便平定了两广,钱财自然也被他贪去。

清代思想家魏源指出:“不知人之短,不知人之长,不知人长中之短,不知人短中之长,则不可以用人,不可以管人。”高拱了解殷正茂能打仗之长,也清楚他贪污之短,只要适当加以利用,殷正茂之长自然可以为高拱所用,这便是小人之长,但是小人终归还是小人,不可重用,只能适当任用,如若交以小人一人之下,万人之上的重权,可能会适得其反,祸国殃民。扬长避短,使用得当,便可以带来意想不到的效果。

原文

天下事无所为而成者极少，有所贪有所利而成者居其半，有所激有所逼而成者居其半。(《曾文正公全集》)

译文

在这天底下，不为所求，没有原因就愿意去行动的人占极少数；为了满足欲望获得好处而去行动的人大概占了半数，因为别人的激励或是逼迫才去行动的人占了另外的半数。

解读

领导者对待下属，应当注重以诚待人。把“卑身虚心，诚心待人”列为招揽人才的基准点，因为“诚”能夺英才之心。当然，世间之人又人人都有欲望，除了诚以外，也需要领导者用些手段，了解下属在意的事，软硬兼施，对症下药，满足他们所需，才能让下属尽心竭力为自己做事。

对于讲义气的人，领导者必须待之以诚，使其感动。对于勇敢直率的人，也要以诚相待。而对于那些鼠首两端，不能用真诚感化的人，在有用之时就要百般抚慰，不用之时就要一再打压，趁机消灭。对于一些老练世故的人，则要张弛有道，既不一心笼络于自己的掌握之中，也不使其反目。

所以制人之术里，最高明的是“以心攻心”，掌握别人的心思，需要用利的给他利，需要激励的给他激励，需要诚待的诚待之，就能很好地驾驭对方。

案例

攻心之计

《三国志》中说："用兵之道，攻心为上，攻城为下；心战为上，兵战为下。可见用兵之计，得以攻心为要。用人之要，也是如此，用刀兵相向的手段换取对方的臣服，只会让对方"身在曹营心在汉"，而以心交心之情，对方自然会对你心服口服。历史上，诸葛亮是智慧的化身，他足智多谋，同时也是善于用人，网络人心的好手。

公元223年，刘备将蜀国托付给诸葛亮之后便与世长辞了，之后，其他国家便开始对蜀国发起进攻了。其中，一个叫孟获的少数民族首领首先向蜀国宣战。

诸葛亮怕腹背受敌，便决定出兵征讨孟获，但是因为这些西南部的少数民族离朝廷较远，缺乏管束，即便这次胜利了，下次他还是会卷土重来，因此，此次一行，攻城为下，攻心为上。

诸葛亮发现孟获在当地的威望很好，于是决定活捉孟获，在实力悬殊的情况下，很快，孟获便被俘获。孟获以为必死无疑，哪知诸葛亮亲自为他松绑，还带他参观了蜀国军营，孟获并不领情，而是记住了蜀军阵势，不以为意地说自己输在了大意之上，如若再战，绝不会败，诸葛亮便应允放了他，让他做好再战的准备。

孟获回去之后，重整旗鼓，决定偷袭蜀军，哪知刚入蜀军营地，便陷入诸葛亮所设陷阱，再次被生擒。孟获仍是不服，诸葛亮又放了他。

就这样，孟获被抓了七次，又被放了七次，当第七次被抓时，诸葛亮依然准备放了他，但是他却不愿意走了，对诸葛亮忠心耿耿地说："丞相对我七擒七纵，仁至义尽，我孟获心服口服，我发誓，以后绝不再犯。"之后，孟获再也没有进攻蜀国，还说服其他部落不再造事，诸葛亮也对这些少数民族放宽政策，规章制度还是按照从前一样，没有多增设一兵一卒，不仅没有对他们进行打压，甚至还给予了他们不少帮助。

所谓"擒贼先擒王，攻人先攻心"，诸葛亮对孟获的七擒七纵正是他对孟获的攻心之计，有人想要攻心，但不懂攻心之计，也是徒劳，只有懂得攻心之计，善用攻心之计，这样才能做到事半功倍，旗开得胜。

原文

凡人以伪来，我以诚往，久之则伪者亦共趋于诚矣。(《曾文正公全集》)

译文

就算别人不是真心来投我，来与我相交，但我只要真心诚意地对待他，久而久之，则他们也会变得和我一样诚心诚意。

解读

人与人交往，上司与下属相处，最愉快、最简单的办法就是以诚相待，没有心机。但实际生活中却很少有人能做到这样，总是强调“你不仁，我不义”之类的话。

实际上，精诚所至，金石为开。要真正让下属对自己忠心耿耿，情感是最好的纽带，以诚恳的心对待下属，与下属共享名与利，就一定会得到下属的忠心耿耿，哪怕他一开始并不是真心要为自己效劳。

纵观历代成功的管理者，也都是懂得以诚待人的人，“将不诚信，则卒不勇”，“上好信以任诚，则下用情而无疑”，就是这一道理的最好体现。推心置腹，诚能动人，领导者付出了自己的真诚，就必定也能得到下属富有诚意的回报。

案例

用人不疑，疑人不用

“为人君者，驱驾英才，推心待士”，对任用的人要推心置腹，用人不疑，如若做不到，那又怎么能够“驱驾英才”呢？唯贤是任、唯能是举，疑则难免听信小人谗言，对忠贤之士有不利之处；不疑则怕放任小人，终成大祸。故，疑与不疑，应因人而异，一旦重用，便不再听信小人谗言，一旦生疑，便可不再重用，魏文侯对乐羊便是用人不疑。

因中山国国君昏庸无道，魏文侯有意举兵讨伐，在征求了大臣们的意见之后，他决定起用平民乐羊为大将，乐羊能文能武，是个难得的人才，但是唯一的问题就是他有一个儿子在中山国当官，魏文侯将自己的疑虑告诉了乐羊，乐羊表示自己绝不会徇私情，一定攻下中山国，请魏文侯相信他。魏文侯很高兴，调遣五万精兵给他出兵中山国。

乐羊攻打到中山国国都后，中山国国君便将乐羊的儿子乐舒作为人质，命令乐羊撤退，但是乐羊不退反进，要求中山国国君投降，中山国国君便要求乐羊给他们一个月的时间考虑是否投降，乐羊答应了，守在城墙之外。中山国国君以为乐羊爱子情切，不敢攻城，便继续享乐。

一个月过去了，中山国国君又以乐舒作为人质要求再缓一个月，乐羊又答应，缓了又缓，三个月过去了，乐羊的部下开始不满，认为他爱子情深，不愿攻城，但是乐羊却说：“我只是在收买人心，一旦中山国国君再三食言，便会大失民心，到时我们自然会攻无不破！”朝中，魏文侯并没有做出任何措施，只是继续向前线派遣物资。

又过了一个月，中山国国君还是不投降，乐羊命令攻城，城攻破了，儿子也被做成了乐肉羹。班师回朝之后，魏文侯亲自迎接，大摆宴席，还送给乐羊两只大箱子。乐羊以为是金银财宝，回家一看，原来全是乐羊按兵不动，朝中大臣对他弹劾的奏章，乐羊后背一凉，心想，要不是魏文侯信任他，他早已命丧黄泉了。至此，乐羊更加效忠于魏文侯。

用人不疑，不仅是对对方的不疑，也是对自己的不疑，通过观察和考量，信任了对方便可放心大胆任命于他，不听小人谗言，对方自然也会对自己忠心耿耿，死而后已，这也是对自己当初决定的一种肯定。用人不疑，疑人不用，便可能成为下一个成功用人的魏文侯！

原文

纵人以巧诈来，我仍以浑含应之，以诚愚应之；久之，则人之意也消。(《曾文正公全集》)

译文

纵使别人用奸巧诈伪的手段来对付我，我仍然用浑厚含蓄的方式来回应他，用诚恳愚拙的态度来对待他；久而久之，则对方想害我的欲望也会消除了。

解读

官场、商场之人，都不可终日身陷于无休止的争斗之中，这样就算全身而退，也必然会落得遍体鳞伤。

不管是对待什么人，就算他们不是真心投靠，也要懂得以诚意待之，用浑厚含蓄的方式对待每一个人，久之，别人必有感念，那种当初于你不好的念头自然而然也就消除了。

做人，心胸要开阔一些，即使知道别人来欺诈我，也要含糊不当一回事，如果以牙还牙，针锋相对，不仅于事无补，还可能让自己遭受很多不必要的伤害，于己毫无益处。所以，不管是对谁，都应以诚待人，以德报怨，以诚待不诚，感化、感动对方，最终达到以诚相待。

案例

蔺相如忍辱为国

俗话说“一见仇人，分外眼红”，大多数人对待对手采取的方式常为“以牙还牙，以眼还眼”，“有仇报仇，有怨报怨”，但是这样常常会演变成“冤冤相报何时了”的世代为仇的悲剧，双方的互不相让最终肯定会造成无数的遗憾和灾难，如果面对对手能够报以平和的心态，宽容对待，以德报怨，那么可能能够避免许多悲剧，蔺相如就是这样一个以德报怨的楷模。

战国时期，蔺相如以超凡的勇气和智慧，将差点落入秦王之手的镇国之宝和氏璧安然无恙带回赵国，这便是历史上有名的“完璧归赵”的故事。之后，在秦赵两国的渑池之会上，蔺相如又凭借自己的胆识和睿智替赵王化解了尴尬，为赵王保全了帝王的颜面，赵王自然十分看重蔺相如，对他封官加爵，一时声名大噪。

蔺相如功劳显赫，风光十足，这引来了廉颇的嫉妒。廉颇以武闻名天下，生性刚直粗犷，自然对这舞文弄墨的蔺相如很不服气，他扬言说一定要找个机会好好羞辱蔺相如一番。这些话被蔺相如听了去，他不但没有记恨廉颇的趾高气昂，反而开始躲着廉颇，即使两人马车在街头偶遇，蔺相如也会以礼退让，让廉颇先过。

开始，廉颇以为蔺相如还是有点自知之明的，不敢和他较量，处处避让他，而蔺相如的手下更是无法理解，认为没有怕廉颇的必要，但是蔺相如却告诫他们:“我见了秦王都不怕，难道还会怕廉将军吗？可是现在不是怕不怕的问题，而是，我们同为一朝之将，秦国不敢来攻打赵国的原因便是因为我们赵国各官上下一条心啊！要是我现在与廉将军拼个你死我活，那么受利的便是秦国啊！我怎么能为一己私心而残害整个国家呢？”这话后来传到了廉颇耳中，廉颇自愧不如，意识到自己是多么小肚鸡肠，便亲自到蔺相如府上负荆请罪。至此，两人便结成生死之交，赵国文武两官上下一心，共同维护着赵国的江山。

蔺相如忍辱为国，对廉颇的盛气凌人报以宽仁大度之心，廉颇得以感化，负荆请罪，最终受益的不仅仅是两人，而是整个江山社稷。用宽仁回报伤害，用仁德回报怨恨，化干戈为玉帛，才是为官之道。

原文

观人者恒在出处进退之际，选将者最忌浮华取巧之流。人才要以朴实廉洁为质。(《曾文正公全集》)

译文

观察一个人，在他们进退维谷的时候是最适当的，挑选军队的将领，最忌讳的是用那些浮华不切实际的人，人才，应该要有朴实廉洁的本质才行。

解读

曾国藩把一个人朴不朴实看成是成大事的根本，所以他在挑选人才时，也很注重去看一个人是否朴实，而“滑”则是大忌。

用人虽然讲究兼收并蓄，但是如果把浮华的人和实诚的人放在一起，那么实诚的人必然会受到浮华的人的排挤，这就违背了用人的初衷，不利于一个企业的团结和发展。有的人忠厚老实，即便悟性比较差，也可委以重任，至少他不会像浮华之人那样有心机。

浮华之人总是言过其实，自以为聪明，不把别人放在眼里，既轻敌，又有野心，把这样的人留在身边，迟早会出麻烦，还不如不用，只有踏实肯干的人，才能稳定军心，带领大家稳步前行。

案例

言过其实损大将

孔子常说“损者三友，友便辟、友善柔、友便佞”，第一损友便是这喜欢吹嘘拍马屁之人；第二损友则是人前一套，人后一套的假面派；第三损友便是指言过其实，爱夸夸其谈之人。爱夸夸其谈者，常常言语浮夸，说出来的话总是超过自己的实际能力，爱纸上谈兵，大言不惭，此类人不可大用，用者必误大事。马谡便是这言过其实的代表。

三国时，马谡与哥哥马良都在刘备手下当官，马谡常常对军事高谈阔论，丞相诸葛亮十分看重他，但是刘备临死前却告诫诸葛亮，马谡是言过其实之人，不切实际，不谦逊，不踏实，切不可重用。

公元 228 年春，诸葛亮率兵伐魏，他忘记了刘备对他的忠告，命马谡驻守战略要地街亭。街亭是秦岭之西的交通要道，对于蜀魏两国都至关重要，只要守住此要塞，则可完胜魏国。下令前，诸葛亮一再强调此任务的重要性，还向马谡陈述了其守关战略，但是让诸葛亮没有意料到的是，马谡并没有听信他的战术，而且不听其他将领的劝阻，一意孤行将军队驻扎在一座孤山上，当司马懿领兵攻城时，放火烧山，直接断了马谡的后路，街亭失守，伐魏失败。

此事之后，诸葛亮才明白刘备的劝告是何等英明，马谡言过其实，虽常常谈论军事，但是都属于纸上谈兵，他对战事根本毫无经验，他十分后悔没有听信刘备的遗言，铸成大错，他便向刘禅自请免去丞相的官位，连降三级，以处罚自己用人不当，轻信他人的夸夸其谈。

马谡的言过其实和夸大其词影响了诸葛亮的判断力，他把自己看得很高，甚至不听信诸葛亮之计，马谡因为太过于高傲根本看不到自己的缺点，更加别提看到潜在的危险了，此类人作为参谋尚可，一旦受到重用，则会陷入困境，这也是刘备告诫诸葛亮不要重用马谡的原因。精明的人表现出来的往往是严谨，而不是夸大其词，真正聪明的人善于隐藏自己真正的实力，让人捉摸不透，知识越浅，自信越深，而那些言过其实之人，切不可重用也！

原文

喜誉恶毁之人，即鄙夫患得患失之心也。于此关打不破，则一切学问才智，实足以欺世盗名。(《曾文正公全集》)

译文

喜欢被人称赞，厌恶被人诋毁的人，就是具有庸俗小人患得患失的思想的人。如果这一关勘不破，那么一切学问、才智，就都只是用来欺世盗名的。

解读

现在是一个竞争的社会，很多人竞争一个机会的场面屡见不鲜，因此也催生了很多欺世盗名的人。而真正的人才却不会这样做，他们不会平白无故地炫耀自己。只有那些欺世盗名的人，才会希望别人都称赞他们的才能，他们对别人的仰慕也不会表现得谦虚，而是会坦然接受。

我们很容易被那些欺世盗名的人所骗，这是他们常用的手段。他们借助别人爱才的目的来使自己功成名就。我们初次见面时往往很难分辨这种人，而要经过一段时间的检验，他们才会露出马脚。所以，我们在识别人才的时候，要多留一个心眼，对于那些一上来就谈大理想，谋划大动作，极力展示自己才能的人，要有所保留地进行观察。

用人者不要被自己一时的喜好冲昏了头脑，如果多考查一下别人的几个方面你也许就会发现，这些欺世盗名的人肯定无所建树。

案例

沽名钓誉失天下

钓名之人，无贤士焉，成功之道无近途，唯尽心做事，而不可稍存沽名钓誉之心。人应该不被功利左右，这样才能保证自己的原则，维持自己的本性，本性不动摇，这样才能保持住刚正不阿等良好的品行。内心不正直的人，爱好沽名钓誉，做起事来也不正直，最终便会酿成大祸，燕王哙当属沽名钓誉之首，最后落得一死。

战国时期，齐国的苏代作为使者来到了燕国，燕王哙便问他齐宣王为人如何，苏代有意夸大其词地说齐宣王是无能之辈，不会有什么作为，燕王哙追问缘由，苏代告诉燕王哙说是因为齐宣王不能相信自己的臣子，所以真正效忠他的人少之又少，苏代便趁机向燕王哙推荐了子之，说他是一个可造之才。燕王哙哪知子之与苏代的哥哥苏秦家中有婚姻之约，只想让自己得个贤君的名声，便信以为真，将朝中大事全权交由子之打理，而苏代自然也收了子之不少钱财。

没过多久，子之又买通一名叫鹿毛寿的人去向燕王哙进谏，说天下百姓都认为尧是一个贤君，只是因为尧曾经将天下让给了许由，虽然许由没有接受，但是尧让天下的善举已传遍天下，鹿毛寿反问燕王哙为何不效仿尧的善举，将天下让给子之，到时子之必定不敢接受，而燕王哙则可以与大名鼎鼎的尧并列了，没失天下而得天下名！

燕王哙为了能够坐享“贤君”的美称，相信了鹿毛寿，下令将国家让给子之。知人知面不知心，其实子之想当君王已久，甚至他还认为许由这种人全是愚朽可笑之人，而这些燕王哙并不知，但他将官吏大印交给子之时，子之毫无愧疚之心便将大印据为己有，将燕王哙当臣子一般使唤，三年过后，太子平在齐国的帮助下讨伐子之，子之立马逃之夭夭，而燕王哙则积郁而死，太子平称王，为燕昭王。至此，由燕王哙沽名钓誉而引起的闹剧终于结束了。

沽名钓誉并没有使燕王哙得天下之名，最终落得个丢了天下，丢了性命的下场。大多沽名钓誉的人都没有什么本事，都想借助一些投机取巧的方式而让自己声名大噪。真正的君子，胸怀大志，但也不会让世人轻易地看出来，更加不会让小人利用而不利于自己，沽名钓誉不可取，谦虚谨慎是王道。

原文

治心治身，理不必太多，知不可太杂，切身日夕用得着的，不过一两句，所谓守约也。(《曾文正公全集》)

译文

修心养身，道理没有必要太多，所知道的也不必太复杂，与自己切身相关，每时每刻都用得着的，只要一两句话就行，这就是守约。

解读

诚信是一个人的立身之本，而守约又是衡量一个人是否诚信的关键，所以我们仅凭一个人是不是守约就能评价他。不要跟那些不守约的人打交道，如果有不守约的下属，也不要把重要的事情交给他，如果你自己觉得无所谓，那么到最后你必然深受其害。因为不守约的人都是自私自利者，他们往往不会替别人着想，而只顾着自己安逸享乐。

尤其是在商界，守约更为关键。如果一个企业家有过一次不守约的举动，就不要再与他往来了，因为在后面，他们必定还会有不守约的时候，如果相信他们，你就会遭受损失，用人也是一样，不管是谁，是什么关系，都应该建立在相互信任的基础之上。

案例

立木为信

人无信不立，孔子曰："人而无信，不知其可也。大车无輗，小车无軏，其何以行之哉？"不守信，什么活动都会无法开展，可见，守信是何等重要。言行相顾，心口如一，自可得到爱戴，如若反之，一而再再而三不讲信用，则人人除之而后快。历史上，商鞅能够顺利进行变法，大半归功于他能守信。

春秋战国时期，各国开始纷纷掀起变法活动，秦国的社会经济远远落后于其它国家，变法活动刻不容缓，于是秦献公便广纳贤士以助其一臂之力。商鞅自魏国入秦，后得秦献公信任，开始在秦国内进行变法改革。

虽目的是为了富国强兵，但是由于常年战争，百姓们都已人心惶惶，大多都只是浑浑噩噩过着日子，对朝廷失去了信心。为了能够在百姓中树立威信，加快变法改革的步伐，商鞅于是下令在都城南门外立一根三丈长的木头，并当众宣告："谁能将这根木头搬到北门，赏金十两！"百姓们都不太相信商鞅，认为这就是信口雌黄，是不会兑现的诺言，也许只是达官贵人们想看一场笑话而做的安排，天下哪有这等好事？结果，无人肯试。于是，商鞅将赏金提高到了三十两，还是无人出面，商鞅再次将赏金提高到了五十两，重赏之下必有勇夫，终于有一名壮士愿意出来试一试，壮士轻而易举便把木头搬到了北门，商鞅二话没说，当场便将赏金五十两交给了壮士，在场百姓无不欢腾喜悦。商鞅趁机告知百姓变法的目的，请百姓们支持朝廷的变法，于是，百姓们便到处奔走相告，说商鞅是一个言而有信之人，支持变法一定能够富国强民！

一个小小的赌约，赢了壮士，也赢了商鞅，更赢了秦国，商鞅在百姓中树立了威信，变法活动很快便得到了推广，秦国慢慢强盛，最终统一了六国。

商鞅以立木为例，告诉天下百姓他是言而有信之人，昭示着凡事都应该以信为重，言必信、行必果。用真诚的心对待对方，对方自然也会真诚地对待你，建立了可靠的关系，便可成大事，信者，所以立世也！

原文

弟军中诸将有骄气否？弟日内默省，傲气少平得几分否？天下古今之庸人，皆以一惰字致败；天下古今之才人，皆以一傲字致败。吾因军事而推之，凡事皆然，愿与交勉之。(《曾文正公全集》)

译文

沅弟军中诸位将领有骄纵之气吗？弟每日内默自反省，傲纵之气有稍平复几分吗？天下古今的庸俗人，都是因一“惰”字致败；天下古今的才子，都是因一“傲”字致败。我由军事推论，凡事都是如此，愿和诸弟互勉。

解读

自古以来，中华民族就有谦虚的传统美德，有许多关于谦虚的格言警句启迪着后人。如“满招损，谦受益”，“谦虚使人进步，骄傲使人落后”，“虚心竹有低头叶，傲骨梅无仰面花”等等。

事实上也是如此，没有一个人有骄傲的资本，因为任何一个人，即使他在某一方面已经很精通，也不能说明他彻底精通，更何况相对于无穷的知识海洋了。

守勤敬以成事，落惰傲而致败，这是亘古不变的道理。孔子曾说：“如有周公之才之美，使骄且吝，其余不足观也已。”又说：“君子泰而不骄，小人骄而不泰”，都在告诫我们持敬守勤的要义。

案例

骄兵必败

《汉书·魏相传》:“恃国家之大，矜人民之众，欲见威于敌者，谓之骄兵，兵骄者灭。”骄傲的人终将有失败的那一天，常言道：胜不骄，败不馁，以胜不骄为首，但是能够做到的人却少之又少，即便是声名大震的关羽也败在了骄傲之上。

公元219年7月，关羽受到刘备成功夺取汉中的鼓舞，于是便率兵北上进攻襄樊，曹操命于禁为将领，去前线支援曹仁。谁知于禁率兵前进不久，便遇山洪暴发，关羽乘机进攻，于禁投降，曹仁不得不独自坚守樊城，关羽留下一些精悍的部下进攻襄阳，自己亲自进攻樊城。

为成功攻打樊城，关羽首先在樊城北面布下阵地，以防止曹军的后援，同时派人对樊城附近的郡县策反，大部分的官吏都答应会暗中协助关羽。而曹操则听取了司马懿、蒋济等人的意见，与孙权结盟，同时命徐晃、张辽火速支援曹仁。孙权故意派陆逊代吕蒙，关羽骄傲地认为陆逊没有什么能力，也没有什么名气，不足为惧，陆逊对他甚至有谄媚奉承之态，于是为了加快攻下樊城的步伐，从荆州抽走了一些将士来支援他。

十月，孙权便命吕蒙突袭荆州，直取关羽大本营——江陵，孙皎后援，又派人坚守汉水等地，以便围剿关羽。吕蒙进入寻阳后，将战船伪装成商船，直达江陵，劝降江陵守将糜芳，并且厚待了关羽派在江陵的将士，释放了关羽俘虏的将士，对百姓大加安慰，取得民心。曹操又命陆逊防守刘备支援关羽。徐晃终于来到樊城，与曹仁取得联系后，曹仁军队士气大增。关羽得知荆州已失，现又腹背受敌，不知如何是好，军中将士得知家属得到了曹军厚待，无心恋战，军心已动摇，关羽节节败退，败走麦城，孤立无援，最终亡于麦城。

关羽的骄傲轻敌致使他失荆州，失江陵，最后甚至丢失了性命。所谓“傲骨不可无，傲心不可有”，一旦忘记了自己的不足，便容易骄傲自满。老舍曾说:“骄傲自满是我们的一座可怕的陷阱，而且这个陷阱是我们自己亲手挖掘的。”骄傲自满、恃强轻敌不是别人可以操纵的，而是自己本身内在的不足。如若骄傲，骄傲便会支配你，让你大意，让你轻敌，最后骄傲便会用惨痛的结局告诉你，骄兵必败！

原文

事事顺吾意而言者，此小人也，急宜远之。(《曾文正公全集》)

译文

每一件事都顺着我的意思来说的人，是小人，应该迅速远离他们。

解读

领导者应该切忌任用那些唯命是从的人，这种人生怕自己忤逆了上司的意图，影响了自己的前程，因此，不管上司说什么，他们都会奉承溜须，即便上司说的是错的，他们也不懂得去纠正，而是错误地去执行。

凡事唯命是从的人都是小人，虽然他们听话，能显示出领导的威严，但也绝不可以任用之，而且要迅速地远离他们。这样的人除了按照你说的去说去做以外，没有任何思想，提不出任何可取的建议。

只有那些有独立思想的人，能够和领导一起分析问题，解决问题，并能提出若干正确建议的人才是一个团队和组织需要的人才，对于这样的人，就不能因为他们忤了自己的意而不快，他们为的是组织和团队的复兴，而不是个人的利益，这样的人才能推动我们向前，所以应该好好用之。

案例

忠言逆耳利于行

孔子曾经说过“良药苦口利于病，忠言逆耳利于行”，意思是能治病救人的好药虽然苦，但是它非常有效，真挚的劝说和善意的批评虽然让人感觉有些尴尬和不舒服，但是却能让人看到自己的不足，并且加以改进。在历史的进程中，就有许多善于谏言或勇于纳言而流芳百世之人。

唐朝皇帝唐太宗和宰相魏征就是这样的两个人，魏征善于谏言，而唐太宗勇于纳言，只要唐太宗有什么不对的地方，魏征必定会据理力争，虽然有时唐太宗也会因为魏征太过固执而大发脾气，但是唐太宗还是会虚心接纳魏征正确的意见。在魏征当宰相的生涯里，他先后向唐太宗进谏了两百多次，而唐太宗每次也会认真思考魏征的意见，权衡之后尽量采纳。

唐太宗曾经为服兵役的年龄而制定了一条律令，规定服兵役的人必须是满 18 岁的成年男子，但是他再次决定征召时，规定 16 岁以上，18 岁以下身材高大的男子服兵役。这样的命令下达之后，魏征就发出了他的反对之声，唐太宗因此非常生气，他将魏征召进宫中加以训斥，但是魏征并没有因此胆怯，而是大声说出了自己的想法，他对唐太宗说：“您现在把整个国家强壮有力的男子召去服兵役，那么，田由谁来种？工又由谁来做？在百姓眼中，您是一位守信用、讲道理、为百姓着想的好皇帝，您也朝此方向前进，而现在，明明就规定了满 18 岁的强壮男子服兵役，为什么要改变律令呢？百姓又如何理解您此次的做法呢？他们又会如何评价您呢？您的信誉何在呢？”听到魏征的进谏，唐太宗顿时就火气全灭了，他非常赞赏地说：“宰相就是我和整个国家的一面镜子啊！如果我改变律令，百姓肯定会引起争议的，这样，整个国家的百姓都会不再爱戴拥护我，那我又怎么能治理好整个国家呢？”之后，唐太宗便收回了命令，还奖赏了魏征。

魏征的敢于进谏为国家立下了不少功劳，也成了整个朝廷的楷模，而善于纳谏的唐太宗也成了后人口中的好皇帝。忠言对人的利弊一目了然，优秀的领导不仅要做敢于进言的魏征，也要做勇于纳言的唐太宗。只有远离喜欢吹嘘附和拍马屁的小人，才能避免失误，成就更好的自己。

原文

榛棘不除，则兰惠减色；害马不去，则骐骥短气，此甄别不可缓也。（《曾文正公全集》）

译文

如果不铲除掉花中的荆棘杂草，那兰花也会减去不少色彩。如果不除掉害马，那千里马的志气也得不到伸张，这样的甄别一刻也不能迟缓。

解读

领导者用人，千万不能所用非人。如果团队中出现一些无德之人，那么整个团队都会受到影响，俗语云“一颗螺狮打坏一锅汤”就是这样的道理。

曾国藩就很注重考察人才，对于僚属的贤否，事理的原委，无不博访周咨，默识于心。据《清史稿》记载，曾国藩“第对客，注视移时不语，见者竦然，退而记其优劣，无或爽者。”而且，曾国藩阅世越深，观察越微，从相貌、言语、举止到为事、待人等等方面，都在他的视线之内。

领导者就应该像曾国藩一样，不能对下属放任自流，要时时注意考察他们的言行举止，看他们是否是有德之人，如果是才略稍差还可以培养优化，如果是他们的德行有亏，那对团队的危害就大了，对于这种人，就不能讲丝毫情面，坚决去除掉，以保证团队的纯洁性和上进性。

案例

害群之马

在生活中，人们常常将因一己之利而谋害了整个团队利益的人称为“害群之马”，这个成语在历史上很早就出现了，在《庄子·徐无鬼》中就曾提到过，黄帝到具茨山去拜见贤人大隗时迷了路，突然遇到一个放马的孩童。黄帝受孩童指引弄清了方向，心中觉得此孩童非常聪明便询问道：“你是否知道如何治理天下呢？”孩童不假思索道：“治理天下就如同我放马一样，只要把危害马群的马驱赶出去就行了！”这便是“害群之马”一词的由来，虽然此故事不知是真是假，但是在历史上，和珅便是这“害群之马”的典型人物。

和珅算得上是贪污的代名词了，他虽是秀才出身，但是他却机缘巧合深受乾隆皇帝的喜爱，短时间内便加官晋爵，和珅本是吹嘘拍马屁之徒，他不仅取得了“一人之下，万人之上”的最高权力与威望，甚至还与乾隆皇帝成为了儿女亲家。

和珅贪污的方式与其他人不同，他只是利用职权，坐在家中便可等到许多小官来送钱给他。

还有这样一个故事，有一个叫“国泰”的人，当时的他只是一个小县令，他为了升官发财，便主动送了大量的钱财给和珅，钱财自然是搜刮民脂民膏而来，收了礼的和珅一下子便记住了他。后来，在乾隆皇帝第五次南巡的时候，和珅便提前写了一封信给国泰，告诉他皇帝在哪一月哪一天会经过他所在的县城，命他修葺一座与众不同的行宫，宛若世外桃源。国泰马上动工了，直到和珅说的那一天，乾隆皇帝真的来到了这里，看到这里美丽独特的风景便召见了国泰，国泰吹嘘拍马屁，和珅在旁敲边鼓，两人一唱一和，乾隆便下令升了国泰的官。

用百姓的钱升了国泰的官，和珅只是说了几句话便得到了百姓的钱，而蒙在鼓里的皇帝还以为得到了人才，大家都高兴。这样的事情屡有发生，最终的事实就是，皇帝升了一群如狼似虎的人来保护像羊群一般弱小的百姓，这样一来，国家自然无法走向昌盛。

用人不当自然无法实现好的管理，和珅便如同花丛中的杂草，为了自己能够享受荣华富贵而弃百姓于不顾，而对于领导者而言，就是记住历史的教训，不要误用和珅那样的“害群之马”。